普通高等学校运动训练专业教材

iCourse · 教材

教练学

国家体育总局科教司　组编

钟秉枢　主编

CSEA 体教联盟
CHINA SPORT EDUCATION ALLIANCE

中国教育出版传媒集团
高等教育出版社 · 北京

内容简介

本书在紧密结合我国教练学发展实际，参考欧美发达国家教练学前沿信息与最新成果的基础之上编写而成。本书主要内容包括：认识教练作用，了解教练学科；认清教练性质，确立职业规范；建立执教理念，设定执教目标；选择执教风格，形成领导能力；了解队员差异，善于沟通激励；制订训练计划，实施多维评价；科学指导训练，有效参赛指导；加强团队，管理勇于突破创新。

本教材为新形态教材，根据优秀运动员和普通高等学校运动训练专业学生的学习需求编写，同时，也可供体育院校各专业的学生使用，还可作为教练员的参考书。

图书在版编目（C I P）数据

教练学 / 钟秉枢主编 ; 国家体育总局科教司组编. -- 北京 : 高等教育出版社, 2019.9（2025.5重印）
ISBN 978-7-04-052271-6

Ⅰ. ①教… Ⅱ. ①钟… ②国… Ⅲ. ①教练员－工作－高等学校－教材 Ⅳ. ①G808.191

中国版本图书馆CIP数据核字(2019)第154955号

教练学
Jiaolianxue

策划编辑 易星辛　责任编辑 易星辛　封面设计 李小璐　版式设计 童 丹
插图绘制 于 博　责任校对 刘丽娴　责任印制 张益豪

出版发行 高等教育出版社
社　　址 北京市西城区德外大街4号
邮政编码 100120
印　　刷 唐山嘉德印刷有限公司
开　　本 787mm×960mm 1/16
印　　张 13.75
字　　数 240千字
购书热线 010-58581118
咨询电话 400-810-0598

网　　址 http://www.hep.edu.cn
http://www.hep.com.cn
网上订购 http://www.hepmall.com.cn
http://www.hepmall.com
http://www.hepmall.cn

版　　次 2019年9月第1版
印　　次 2025年5月第3次印刷
定　　价 28.80元

物 料 号 52271-00

本书编委会

主　编：

钟秉枢

编　委：

钟红燕

尹　军

潘迎旭

高　天

编写说明

恰如每个成功的男人背后都有一个伟大的女人，每个成功的运动员背后也都有一个伟大的教练。你想成为一个伟大的教练，带领你的队员冲锋陷阵、攻城略地、勇攀高峰吗?

“教练学”是探讨教练职业的本质、特点、作用、知识能力结构以及执教理念、风格和能力等问题的知识体系，是一门让教练员学习如何将运动员的个人理想提升为团队愿景进而实现团队共享目标的学科。

随着运动训练科学化水平的不断提高，世界各国对教练员的教育工作日益重视。教练员作为运动训练的组织者、指导者、管理者和人际关系的协调者，在运动训练和比赛过程中发挥着主导作用。教练员教育与培训是一个专业的领域，需要具有扎实丰厚的理论知识与丰富的实践经历。我国各个项目的教练员，从国家队教练员、省市教练员到业余体校教练员、学校教练员，亟须更新观念，与时俱进，以适应不断变化的执教对象的特点，满足新时代运动员培养对教练员提出的新要求。正是在这样的背景下，“教练学”课程应运而生，并已在我国普通高等学校开设。

本书参照了欧美发达国家的教练学前沿信息与最新成果，紧密结合我国教练学发展的实际情况，系统总结、疏理了“教练学”的学科体系，结构层次清晰，难度循序渐进，引用资料准确翔实。在内容编写上，力求突出先进性、专业性、可读性和实用性，以使学生了解执教过程的体育相关知识、人际交往相关知识和个人内省相关知识，增进学生对教练员、运动员、教练员执教理念、教练员执教目标、教练员执教风格的认识和理解，明了人的共性与差异，知道如何加强沟通应对差异，如何激励别人和自我激励，如何根据人的变化进行情景领导，开发领导才干。

本书由首都体育学院钟秉枢教授总体构思，经集体讨论形成提纲编写，最后由钟秉枢教授统稿。编写团队成员不仅具有夺取世界冠军的经验，还有在国家队进行身体功能训练和体能训练的经历以及为国家队运动员和教练员进行培训的丰富实践经验。全书编写分工如下：绪论　认识教练作用，了解教练学科（钟秉枢、钟红燕）；第一章　认清教练性质，确立职业规范（钟秉枢、高天）；第二章　建立执教理念，设定执教目标（钟秉枢）；第三

章　选择执教风格，形成领导能力（钟秉枢、高天）；第四章　了解队员差异，善于沟通激励（钟秉枢）；第五章　制订训练计划，实施多维评价（钟红燕）；第六章　科学指导训练，有效参赛指导（尹军）；第七章　加强团队管理，勇于突破创新（潘迎旭、钟秉枢）。

本教材与配套在线课程一体化研发，内容呈现方式新颖、生动，每章的重要知识点配有在线学习视频，使得线上线下有机结合。

在本书的编写过程中，高教教育出版社体育分社给予了大力支持，在此表示感谢。同时，也要感谢本书所引用参考文献的作者以及为本书提供帮助的人。

编写组

2019年3月

目录

绪　论

认识教练作用，了解教练学科

▶ 导　言

教练学是探讨教练职业的本质、特点、作用、知识能力结构以及执教理念、风格和能力等问题的知识体系，是一门让教练员学习如何将运动员的个人理想提升为团队愿景进而实现团队共享目标的学科。在绪论中，你将了解教练的伟大和教练教育培养的重要性，知晓教练学的形成与发展和学习教练学的目的与意义。

▶ 学习目标

1. 对教练学具有较全面的认识，掌握教练学的形成、发展、研究对象和研究方法。

2. 了解教练学在教练教育中的重要地位，全面把握教练学的学习目的和意义。

3. 了解教练学这门课程所要讲授的内容、所要思考的问题，激发学生对教练学课程的学习兴趣。

体育是奇妙的，它能够带给你一生的幸福和快乐。体育让你更好地认识自己，了解自己的情绪和个性，教会你如何应对危机和失败。因此，体育体验不能被简单的复制，你能够很快发现你的弱点，然后你能够建立自信和积极情绪。

——阿瑟·阿什（1993）美国著名网球运动员

伟大的教练能够获得他们生活和职业中的尊重和认可，他们的职业能力卓越而高效，这种职业胜任力成为其他教练随时随地学习的目标和追求。

——Daniel Goleman 哈佛商学院主席

全球化时代，体育以世界上都能够看懂的身体语言作为沟通形式，为观众提供了一个迷人而富有情感的剧场秀，人们观看或者参与其中。秀场中超级体育明星以其非凡的运动表现深深地吸引着儿童青少年群体，成为儿童青少年群体崇拜的英雄偶像和追求的梦想。教练在体育活动中处于枢纽地位，是一个专业而重要的职业，其执教影响远远超出了体育本身的范畴，影响着儿童青少年参与体育的体验，对运动员产生永久的影响。进入 21 世纪，随着经济全球化进程的加快和知识经济的深入发展，国际体育竞争格局也发生了深刻变化，各国之间的竞争越来越呈现出科技化、信息化、系统化、智能化的发展趋势。运动员的选拔、训练和比赛过程也变得日益复杂起来。因而，世界各国都非常重视教练职业能力的培养，教练这一职业也越来越发展成为一门集体育学、社会学、心理学、管理学、医学、信息技术等多学科知识于一体的专门学问，不断向综合性、系统性、科学性、专业性的学科方向演化并逐步成熟。

新时代，我国体育步入广泛开展全民健身活动，加快推进体育强国建设，筹办好北京－张家口冬奥会、冬残奥会的发展进程中，体育与人民生活、社会发展和国家建设融为更加紧密的命运共同体。随着体育运动的普及与提高，需要越来越多的教练承担起新的历史使命和责任，并在各类体育人才培养中发挥引领作用。因此，探讨、发展、构建和完善具有中国特色的教练学学科知识体系，显得尤为重要且迫切。

一、伟大的教练

相隔 12 年后，2016 年 8 月 21 日，中国女排在里约热内卢再夺奥运会冠军，全国沸腾。这沸腾是因“三大球”低迷中升起的金星，是因小组赛三败后的绝处重生。

在里约奥运会，中国男排、男足未获入场券；中国男篮、女篮小组未能出线；中国女足四分之一决赛射失点球，止步八强。“三大球”项目中，仅剩中国女排战斗到最后。小组赛中，中国队 2∶3 负荷兰队，0∶3 负塞尔维亚队，1∶3 负美国队，排名小组第四，晋级八强；四分之一决赛中国队 3∶2 胜巴西队；半决赛中国队 3∶1 胜荷兰队；决赛中国队 3∶1 胜塞尔维亚队。这样的绝地反击怎能不叫人心花怒放，热血沸腾。

自从有了体育比赛，就有了体育教练员。训练和参赛就好比制作一部电影或导演一出戏剧，教练员既是编剧，又是导演，他 / 她不仅要挑选竞技场上的“演员”，还要悉心地训练与培养运动员，组织和引导运动员一步步攀登竞技运动的高峰，完成自己的“作品”。所以说，每个成功的运动员 / 运动队的背后必有一个伟大的教练。

在中国，“三大球”往往被相提并论。1964 年春天，贺龙元帅郑重宣布：“‘三大球’上不去，我是死不瞑目！”2014 年 8 月 15 日，在南京青奥村训练馆篮球场边，习近平总书记对队员和教练说：“‘三大球’要搞上去，这是一个体育强国的标志。”然而，面对大体相同的“三大球”管理体制、运行机制和治理环境，中国女排的一枝独秀不能不归功于伟大的教练。

从 1981 年首获世界冠军到现在，有 13 位教练历任中国女排主教练，但带领中国女排获得冠军的只有 5 位。他 / 她们是：袁伟民（1981 年、1982 年、1984 年率队获世界杯、世界锦标赛、奥运会冠军）、邓若曾（1985 年率队获世界杯冠军，中国女排“三连冠”时是袁伟民的助手）、张蓉芳（1986 年率队获世界锦标赛冠军，中国女排“三连冠”时是袁伟民执教时期的女排队长）、陈忠和（2003 年、2004 年率队获世界杯、奥运会冠军，中国女排“三连冠”时是袁伟民执教时期的陪练）、郎平（2015 年、2016 年率队获世界杯、奥运会冠军，中国女排“三连冠”时袁伟民执教时期的主攻队员）。凡带中国女排获得冠军的主教练，无一例外不是在袁伟民带领的中国女排工作过。共同的目标、理念，所有成员人力资本组织起来而形成的全队人力资本，自身特有的团队精神和文化，成员之间普遍信任所产生形成的一致的集体行动力量，使中国女排共同体的效率提高。

1982 年秘鲁女排世界锦标赛预赛，中国队 0∶3 输给美国队。要想拿冠军就必须在接下来的六天比赛中连拿 6 个 3∶0。袁伟民回忆道：“这是我一生中最难忘的时刻，是我最痛苦最难熬的时刻。这之后的六天六夜简直不是人过的日子。我知道，这时，多少双眼睛望着我，我的情绪直接影响着队员打下面的比赛的信心，我的表现也可能成为对方分析中国队状况的参考资料。最难熬的是，内心的苦涩、焦虑和不安，丝毫不能溢于言表。每天进进出出，仍要笑嘻嘻、礼貌地与对手打招呼；还要显得很乐观、自信，用自己的情绪去感染队员。我生平第一次尝到了当演员的滋味，当这样的演员又是多难啊，可我必须这么做，我也确实这么做了。”最后，中国女排惊天大逆转，连打出 6 个 3∶0。

里约奥运会上中国女排的绝地反击，其实从郎平 2013 年 5 月上任就开始了。

对于责任，郎平表示：“从我决定带女排的时候我就没考虑应该得到什么。队伍是主教练责任制，不管是好还是不好，我都应该承担责任。”“我没有什么私心杂念。球队带得不好，我有责任带她们继续向前。球队带得好，是大家的功劳，我一个人做不了什么。我没有后悔过，只是尽力而已。”

对于成功，郎平认为：“成功对我追求的事业是最好的回报。什么是成功？到第几是成功？我把我所有潜力发挥出来，尽了最大努力，克服了最大困难，我觉得就是成功。至于最后的结果是自然的。成功不能拿一个东西，或者一个目标来衡量。”

这些理念，以及在过去三年多的时间里，郎平一直在大国家队理念的指导下苦心操练人马，为里约奥运会的获胜奠定了扎实的基础。

里约奥运小组赛成绩不佳，郎平用“快死了精神状态肯定不一样，否则就是万丈深渊”激励自己，激励队员，破釜沉舟试一把，激活 12 名队员；放手一搏巧换人，两点换三点；希望运动员在比赛没有结束的时候，不管多困难都要顶好每一分。最终，中国女排在淘汰赛中逆袭巴西队、击败荷兰队，最终战胜塞尔维亚队，昂首登上最高领奖台。

除中国女排外，我国“三大球”的其他队伍的成绩也无不得益于教练的伟大。

▶ 伟大的教练——以中国篮球、足球教练为例

2001 年中国男足冲进了世界杯。率领那支队伍的教练米卢说：“我不相信有所谓的秘诀，事实上，这件事与梦想有关。我就像个画家，想要画一幅画，我做出计划，再完成一件件小事，鼓励他们增强信心。我告诉小伙子们，世界上没有人是完美的。然后我告诉他们我认为应该怎么做，我们就成功了。”时任米卢翻译的钟秉枢说起亲身经历的小事。2000 年米卢率中国足球队赴越南训练比赛，第一天训练后队员们下楼吃饭。米卢看着身穿不同 T 恤的队员，严肃地说：“你们如果还是一个球队的话，如果还代表中国的话，就回去换衣服。”由此，米卢治理下的中国男足身穿统一的服装行事。

2004 年雅典奥运会小组赛中，中国男篮负于西班牙队、阿根廷队、意大利队，小组赛最后一轮以 67∶66 掀翻世界冠军塞黑队，晋级八强。率领

这支男篮的是执教中国男篮只有三个月的美国教练哈里斯。比赛头天晚上11时，哈里斯走出奥运村公寓，去奥运村里的录像中心找新西兰队战胜塞黑队的录像。比赛当天上午，哈里斯在准备会上所做的事情，就是把新西兰队战胜塞黑队的剪辑的录像放给队员看，告诉队员不能放弃。赛后，主力队员李楠说："就是因为哈里斯，我才明白什么叫永不放弃。我们前面输成那样，但哈里斯始终在努力，他一切都像从前一样准备，自己还在那儿剪辑录像带并放给我们看，分析塞黑队的特点和弱点。如果不是他这么执着，他不组织我们了，不看录像，那今天绝对就赢不了。"

2016年，排名世界第16的中国女足，奥运会预选赛击败世界亚军日本队，扳平世界第8的朝鲜队和世界第6的澳大利亚队，提前一轮获得里约奥运会入场券。在里约奥运会上胜南非队、平瑞典队，以小组第2打进8强。执教这支女足队伍不到一年的法国教练布鲁诺竞聘时说："我不只是个教练，还是个教育家。"他经常挂在嘴边的话是："足球首先是教育，然后才是体育。"第一次集训会议上他就对队员们说："足球更多的其实是一种态度。"一名中国女足教练组成员总结说："其实布鲁诺在训练上也许和我们的教练差异并不大，但是他在人文关怀方面，特别是心理上潜移默化的渗透，是中国教练此前从来没有的。""布鲁诺来了，他除了在技战术上进行了针对性的细化外，给这些女孩子带来的，更多的是心理上的辅导和关怀，让她们懂得为什么踢球，怎么更主动地去参与比赛。在人文关怀、个人学识上，布鲁诺作出了一个典范，他激发了队员的实力和潜能，使得中国女足更成熟了，踢得比以前更聪明了。"

由此可以看到，在现有体制机制、治理环境不变的情况下，一个伟大的教练对"三大球"的发展多么重要。因为，优秀教练员的知识和能力具有随执教情景变化而变化的特点，不论在任何情景下都能发展运动员的能力、自信、沟通和品格，调动运动员的潜能和激情。

诚如习近平总书记所说："一个人遇到好老师是人生的幸运，一个学校拥有好老师是学校的光荣，一个民族源源不断涌现出一批又一批好老师则是民族的希望。"遇到郎平是中国女排的幸运。然而，中国"三大球"的振兴、中国体育的发展，不仅需要一个"郎平"，还需要不断涌现出一批又一批"郎平"。

二、教练的教育与培养

教练对于促进体育参与，提高运动员 / 运动队成绩起到核心作用。约200个国家数以百万名志愿者教练和受薪教练一起为数以千万的参与者提供大量的体育运动机会。[①] 教练还致力于把运动员作为人进行发展，把运动队作为具有凝聚力的集体和拥有共同爱好的团队。通过开展体育活动和促进身体健康，通过共同行动提升运动员和参与者的公民意识，通过参与和观看竞技体育活动，教练还可以推动着社会的发展。

在数字时代，可以获得更多的信息，看到更大空间中存在的事物。教练要面对不同的人群，有运动员、运动员家长、管理者和体育爱好者，执教要比以前要求更高。与运动员积极互动，促进运动员的全面发展，而不是简单地记录输赢。教练承担着多重角色，如教育者、指导者、体育心理师、商业经理。

因此，教练有责任提高和拓展自身技能，以满足运动员的需求。聘任教练的组织机构要确保教练具有良好的教育经历、正确的价值取向和丰富的教练资源，以保证教练能落实工作职责。所以说，教练的教育与培养显得日益重要。

（一）教练教育与培养的管理体制

国家体育体制大体分为政府管理型、社会组织管理型以及政府与社会组织共同管理型。由于教练员教育工作的特殊性，各国教练员教育工作普遍具有政府主导特征。政府提供教练员教育经费，通过政策和制度的完善来确保教练员教育与培养的质量和效果，政府机构负责制定教练员教育政策、标准、考核认证等；体育社会组织，主要为体育联合会、各国奥林匹克委员会和单项体育运动协会在体育主管机构的领导下，负责教练员教育工作的组织和实施。

在英国，成立于1983年的教练理事会在全国范围内开展广泛的教练员发展计划。[②] 虽然政府不直接管理教练员理事会，但教练员理事会的主管由政府主管机构任命，教练员理事会的直属上级英国体育理事会的主管由英国首相直接任命。[③]

在澳大利亚，教练教育由其政府机构澳大利亚体育理事会教练员部直接负责。澳大利亚教练委员会（ACC）为澳大利亚体育运动委员会（ASC）

---

① 例如，在英国，每年有1 100 000名教练员会对10 000 000名体育参与者进行体育指导，而世界范围内仅足球一个项目就拥有268 000 000名球员。

② Julian North. Tracing the Development Process and Career Pathways of UK Coaches [C]. 2007 ICCE Global Coach Conference Theses, 2007.

③ [美] 斯蒂芬·罗宾斯，[美] 玛丽·库尔特. 管理学 [M]. 13版. 刘刚，程熙镕，梁晗，译. 北京：中国人民大学出版社，2012.

的教练员管理部门，提供国家级的指导，并和单项运动协会合作，培养从精英到大众的各层次高质量的教练员。国家教练注册方案（NCAS）由澳大利亚体育运动委员会于 1978 年发起，通过国家教练注册方案认证的教练员被国家和州运动组织机构和澳大利亚体育运动委员会认可，超过 70 个运动项目加入了这一方案。①

在德国，政府和德国奥林匹克体育联盟共同管理体育事业。政府负责集资以及体育市场和运营的整体把握。社区中的教练通常是志愿者角色，只有国家队才有职业教练员。② 德国奥林匹克体育联盟科隆教练员学会于 1974 年成立，负责协调全国运动联合会的教练员教育。如今它囊括了 44 家国家级运动联合会，所有的地区体育协会，德国奥林匹克体育联盟以及德国运动医学和预防医学协会。③

在美国，体育协会在各类体育活动、地方运动队管理、运动员薪酬管理以及竞赛组织管理中扮演重要角色。美国奥委会只对教练员设置了最低要求，单项运动协会对教练员的培养和使用具有决定权，且不同项目对教练员的管理和要求差异很大。美国体育协会、美国教练教育认证理事会于 1981 年颁布的《美国运动教育大纲》，已经培训了超过 100 万名教练、官员、体育管理者以及家长。其中，志愿者教育大纲主要针对 13 岁及 13 岁以下运动员的教练，而职业教育大纲则针对 14 岁及 14 岁以上运动员的教练。④

在我国，教练员的培养教育由国家体育总局教练员培训领导小组负责统一规划、统筹管理，各单项运动协会和各省市体育局按照全国统一的培训大纲负责本项目和本省市教练员的教育与培养。我国教练员教育体系从 1987 年的研究阶段发展至 1995 年开始投入实践，到如今已有 41 项运动项目开展了教练员等级培训工作。⑤

当然，教练员教育体系的确立和发展与本国的经济发展也密不可分。国情不同，每个国家的教练教育与培养体系也会有所不同。一个国家的经济

---

① Greg Nance. Ethical Aspects of Coaching and Coach Educantion [C]. 2007 ICCE Global Coach Conference Theses, 2007.

② Lutz Nordmann. the Development of Elite Coaches in Germany [C]. 2007 ICCE Global Coach Conference Theses, 2007.

③ Lutz Nordmann. the Development of Elite Coaches in Germany [C]. 2007 ICCE Global Coach Conference Theses, 2007.

④ Yassine Yousfi. Global Developments in Coaching [C]. 2007 ICCE Global Coach Conference Theses, 2007.

⑤ 钟秉枢. 我国竞技体育可持续发展面临的挑战 [J]. 首都体育学院学报，2005，17（1）.

发展水平、民族传统文化和习惯、体育体制、经费、体育普及程度、综合科研能力和奥林匹克运动的发展、国外体育发展等对其教练员教育与培养体系都具有一定的影响[①]（表 0–1）。

表 0–1 教练员发展体系中的影响因素

影响因素	百分比
经济	93.47%
体育体制	82.60%
财政收入	97.82%
体育发展程度	69.56%
科研	80.43%
体育普及度	86.95%
一流教练员	71.73%
国外教练员发展	63.04%
赞助	63.04%
奥林匹克运动发展	84.78%

（二）教练资格制度和评价体系

发达国家都各自建立了健全的教练员技术资格制度。

在美国，针对执教 14 岁及 14 岁以上运动员的教练员，实施了《美国运动教育大纲职业》中的教育计划，该计划由铜牌、银牌、金牌三个层次组成。

澳大利亚教练员资格认证体系（NCAS）包括准入级别、2 级和 3 级（高级）三个级别分类。近几年，澳大利亚教练员资格认证体系实施了更为灵活的方法，允许各单项运动协会自行决定其教练教育的级别数量。

在英国，英国教练认证系统（UK Coaching Certificate）将教练员分为 5 个级别，并明确规定教练资格认证必须达到的最低标准和每个级别的要求（表 0–2）。

① 段保同. 主要发达国家教练员教育体制研究［D］. 北京：北京体育大学，2008.

▶　**表 0–2　英国教练认证系统的教练员级别及其资格要求**

级别	教练资格要求
5	创新、指导和管理尖端教练解决方案和计划
4	设计、实施和评估长期 / 专业教练计划的过程和效果
3	计划、实施、分析和修订年度训练计划
2	筹备、实施和复习训练内容
1	协助更高水平的教练，在其监督下实施训练活动

在德国，教练员类别被划分为 A 级、B 级、C 级以及大师级。A 级教练员需要完成 90 小时的课程，B 级需要完成 60 小时的课程，C 级则需要完成 120 小时的课程。所有 A 级、B 级、C 级的课程都由不同的项目协会举办，大师级资质则由教练员院校颁发（图 0–1）。

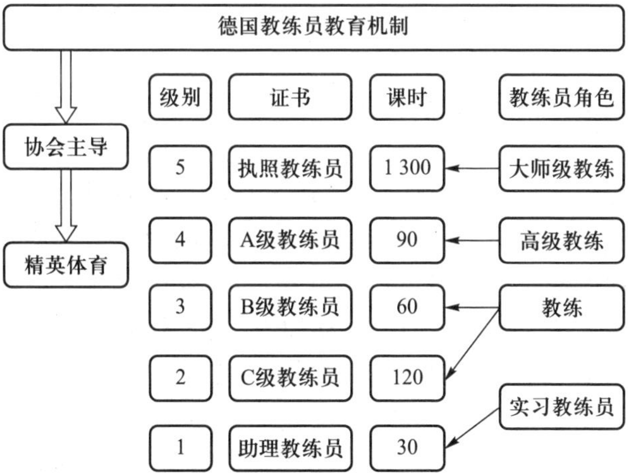

图 0–1　德国教练员教育机制

1993 年 11 月 1 日，欧洲联盟（简称欧盟）正式成立。欧盟成立后的第二年，欧洲教练理事会（European Coaching Council）提出欧洲统一的五类教练员标准，即初学者（儿童或成人）教练、天赋未被发现运动员教练、有天赋运动员教练、职业或全职运动员教练、主教练，开始在欧洲推广。2006 年 7 月，提出新的欧洲教练四级等级制度方案。此方案将欧洲职业教练分为四类标准：初学者（儿童、青少年、成人）教练、体育参加者 / 非比赛运动员教练、有天赋者 / 参赛运动员教练、全职 / 高水平比赛运动员教练。教练等级分为四级：助理教练员（Assistant Coach）、教练员（Coach）、高级教练员（Senior Coach）、大师教练员（Master Coach）。此方案还规定了每级教练员的任务、工作、必备知识、技能、能力和态度，以及教练员的教育、培训、考核、晋级等。

在我国，建立了由国家级、高级、中级、初级四个级别组成的教练员等级制度，与学历教育和非学历教育相结合、基础培训和高级培训相结合、长期培训和短期培训相结合、在职培训和脱产培训相结合的教练员教育培训体系。

各国不但对教练员技术资格制度做了严密的等级划分，而且还明确了不同级别教练员所需的知识、能力及实践考核等各项标准和指标。教练员等级制实行的是晋级制度，只有完成某一等级标准要求，取得认证的在职教练员，才有资格申请更高等级的学习和认证。当然对于具体的等级划分，各国不尽一致，甚至不同项目之间的教练员等级也不尽相同。但无论单项协会采取几个等级，都必须按照教练员资格制度国家标准设定且必须上报上级主管部门的批准。值得注意的是，各国基本都具有教练员教育的国家指导标准。

（三）教练教育内容和教育方式

各国教练员教育内容基本上包括三个方面，而且各项教育内容都有时间规定和对教练员的能力要求。这些内容是：① 体育科学基础理论，包括运动生理、运动心理、运动解剖、运动营养、资源管理、风险管理、体育与社会和运营管理等。② 教练员专业知识，包括运动训练、力量训练、职业道德、教学训练方法等。③ 专项运动知识，包括项目规则、项目发展现状等。教育方式主要通过课堂讲授、远程教育、实习实践、研讨班、小组讨论、自学等方式进行。随着强调教练员能力目标的确定，教练员的实践越来越重要。在德国和澳大利亚，没有教练实践的教练员不能获得认证。[①]

（四）教练保障体系和继续教育

目前，主要发达国家都已经建立健全了教练保障体系，包括教练员法律法规、奖励措施、教练员网站与数据库、商业赞助、社会捐赠、科研、教练员杂志等，保证教练员教育的顺利进行。

---

① 贺新成．各国及地区教练员岗位培训比较与发展趋势研究［J］．解放军体育学院学报，2005，24（2）．

随着社会发展，特别是体育领域的变革，一些发达国家普遍要求教练员必须参加继续教育。教练员继续教育的主要内容，首先，学习项目最新规则、运动训练方法、最新项目信息和发展前沿动态，其中包括主要对手研究分析等。其次，传授先进的基础理论知识和高水平、知名教练员的经验，以及教练员之间的经验交流。例如，澳大利亚体育运动委员会以最新的注册机制来激励教练员接受继续教育，以确保熟悉项目规则的更新、最新的技术和教练执教方法，降低教练员违法的风险，营造更安全的环境。

（五）国际教练教育机构的建立

1997 年，为促使教练成为国际认可的职业，提升各级教练质量，帮助世界范围的教练获得国际合作与交流的机会，非营利性国际组织——国际教练教育委员会（International Council for Coach Education，英文缩写为 ICCE）成立。秘书处设在加拿大，2014 年移至英国。国际教练教育委员会成立后，每两年举行一次全球教练大会和代表大会，致力于在全球推进教练教育和教练职业化。2000 年，瑞士全球教练大会发表《马格林根宣言》，阐述了全球教练发展面临的十大挑战；2007 年，北京全球教练大会开始研究制定国际教练教育委员会发展战略；2007 年开始出版发行《国际教练科学杂志》（《International Journal of Coaching Science》）；2012 年，伦敦奥运会和残奥会期间在伦敦设立全球教练之家（Global Coaches House）；2013 年，推出国际体育教练体系（International Sport Coaching Framework）；2015 年，推出国际体育教练培养师体系（International Sport Coach Developer Framework）。与此同时，国际教练教育委员会还积极采取行动加强教练教育的全球联系和组织的影响力。随着该组织功能的扩大，其作用已不仅限于教练教育领域，更重要的是推动执教过程的职业化。为此，2014 年，国际教练教育委员会更名为国际卓越教练委员会（International Council for Coaching Excellence，英文缩写为 ICCE）。国际卓越教练委员会现有由国家教练协会或国际单项体育组织构成的 A 类会员 37 个，由国家教练学院、国家单项运动协会、大学等构成的 B 类会员 37 个。2015 年讨论通过的《国际卓越教练委员会 2016—2020 发展战略》对该委员会发展战略做了如下阐述：

1. 性质

国际卓越教练委员会是国际非营利性体育组织，旨在推动和促进教练作为一种职业被国际社会所接受，其成员追求运动执教水平的提高。

2. 使命

引领和促进全球教练发展。

3. 愿景

通过可持续发展的职业体系帮助教练发展。

4. 核心价值

以运动员为中心，追求卓越、广泛合作、相互尊重。

5. 战略领域

提高教练地位、建立全球社区、形成教练职业、做好教练教育。

6. 目标和措施

（1）提高教练地位。与全球顶尖体育组织，如国际奥委会、国际残奥会、国际反兴奋剂组织、夏季奥林匹克国际单项体育联合会协会、冬季奥林匹克国际单项体育联合会协会等合作，促使其承认教练在体育运动中扮演的中心作用，如国际单项运动协会在其计划中有专门的教练计划，成为国际教练教育委员会成员，成立更多的教练协会等。

（2）建立全球社区。建成包括不同层次会员的体育教练社区，如领军的国际体育组织、国际或国家体育协会、政府 / 奥委会 / 非政府组织控制的权威的教练组织、长期投入教练研究与创新的高等教育机构和其他教育机构、与体育教练相关的其他体育组织如国际体育科学与教育委员会、教练和教练发展领域的领导者、教练员和教练教育者、研究人员和学者、企业合作伙伴、其他国际教练教育委员会认可的组织和个人。到 2020 年，将国际教练教育委员会扩展到 30 个国际单项运动协会，60 个 A 类会员，投稿国际教练杂志文章的数量大幅度增加，全球教练之家活动得到广泛认同。

（3）形成教练职业。通过创新、研究、发展，促进教练实践发展为教练职业，在国家组织层面发展教练执照指南，包括资格、安全防护、公平训练、救护、道德标准等。

（4）做好教练教育。为教练员、教练培养师和其他人员提供终身学习路径，包括国家和国际协会层面、大学层面、国家认证层面。目前已经有 25 个国际单项协会、所有 A 类成员均采用国际体育教练体系作为指导原则。

我国是国际卓越教练委员会发起国之一，朱佩兰（1997—2003）、杜利军（2003—2005）、钟秉枢（2005—2017）、赵杰修（2017—至今）分别担任过该委员会副主席，负责委员会亚洲教练教育。

（六）教练教育发展的主要趋势

1. 更加注重开放性与公平性

未来的教练员教育体制将是一个开放、公平的体制。在准入方面，只要达到教练员教育最低标准，都可以参加教练员教育学习活动，取得教练员资格认证。在交流方面，即其他国家对教练员职业感兴趣的任何人，只要满足本国教练员基本要求，都可以参加本国教练员教育活动并取得资格认证。欧洲正在讨论建立统一的五级教练员制度框架，届时只要在欧盟任何一个国家取得教练员资格认证后，便享有在整个欧盟国家从事教练员的工作资格。由此可以看到，教练员的全球资格认证，如同律师、会计等其他行业一样，也是教练员教育的发展趋势之一。

2. 充分发挥国际单项运动协会的引领作用

在教练员的教育培养中，国际单项运动协会发挥着越来越重要的作用。不少单项协会开始建立和完善自己的教练员等级制度和教练员培训制度，并将自己的制度推展到世界各国。以国际田联（IAAF）为例，为确保每个国家都有足够符合国际标准的教练员，使各个国家的田径运动计划项目得到有效开展，以确保每个地区、每个国家在不依赖一些外部资源的情况下，培养出具备国际标准的教练员。2007 年 3 月，国际田联发展委员会审批通过了五级教练员培训和认证系统（表 0–3）[①]，并通过举办培训班的形式将这一培训认证体系在各国的田径运动协会中开始实施。

▶　表 0–3　国际田联 5 级教练员培训与认证系统

级别	一级	二级	三级	四级	五级
教练	青少年教练	俱乐部教练	教练	高级教练	学院教练
时间	10 天课程	14 天课程	14 天课程	14 天课程	3~12 个月课程
目的	发展组织少儿田径教练能力，准备和组织比赛，引导 13—15 岁青少年参与田径运动	为即将开始教练员生涯者提供机会	发展中级教练员的技能和知识	发展提高成绩教练员的技能和知识	培养职业化专门化教练员
目标人群	教师和田径选材人员	教师和教练员	教练员	提高成绩的教练员	经验丰富、参与实际工作的教练员

① 钟秉枢，宋玉梅. 国联田联教练员培训和认证的 5 级系统［J］. 中国体育教练员，2008（4）.

续表

级别	一级	二级	三级	四级	五级
报名要求	不低于18岁，有田径兴趣	不低于21岁，有田径兴趣	成功完成二级课程和获得会员协会一年的执教实践证明	成功完成三级课程和获得会员协会一年的执教实践证明	国际田联教练员证书或会员协会推荐的同等学力
资格证书	听课证书	国际田联教练员培训与认证系统二级证书	国际田联教练员培训与认证系统三级证书	两年实践后得到的国际田联教练员证书	国际田联学院证书
经费来源	当地	国际田联，奥林匹克团结委员会和国家田径协会	国际田联，奥林匹克团结委员会	国际田联	国际田联，地区，会员协会自筹
课程结束后学员获得的能力	举办少儿田径活动，准备和鼓励这些青少年（13—15岁）继续参与田径运动	为青少年运动员实施适当的田径运动计划	能为选定专类项目的初学者执教，培养运动员	为专类项目运动员执教，提高成绩	在学院专业化知识学习的特定领域为会员协会服务
实践活动领域	学校，俱乐部，会员协会，教育部	学校体育课，俱乐部的基本训练	田径机构（如俱乐部），会员协会	田径机构（如俱乐部），会员协会	会员协会，大学，俱乐部等
学员邀请	会员协会，学校，俱乐部	会员协会推荐	国际田联，会员协会推荐	国际田联，会员协会推荐	国际田联，会员协会推荐
同等学力	无	请求和得到国际田联的批准	请求和得到国际田联的批准	请求和得到国际田联的批准	请求和得到国际田联的批准
讲师培训	国际田联组织教练员培训与认证系统一级讲师	国际田联组织教练员培训与认证系统二级讲师	国际田联组织教练员培训与认证系统三级、四级讲师培训课程	国际田联组织教练员培训与认证系统三级、四级讲师培训课程	国际田联提名和批准的国际田联学院讲师
培训选择内容	包括少儿田径和青少年田径	包括所有田径项目	来自田径运动6个项目专类	来自田径运动6个项目专类	总教练，精英教练，教练员发展主任

3. 有效进行资源整合与完善组织体系

围绕教练员教育，各单项运动协会、各省和地区政府及教练员教育机构紧密配合的教育体制是未来发展的主要方向。教练员教育接受政府指导，独立展开工作。政府机构负责制定教练员教育政策和标准，完善教练员教育的法律法规保证体制，对教练员教育提供资金、政策方面的帮助。体育的社会组织，主要为体育联合会、各国奥林匹克委员会和各单项运动协会在体育主管机构的领导下，成立专门教练员教育机构，负责实施教练员教育工作，健全包括等级划分及其能力标准，教育内容及其实施方式，评估标准，继续教育体制和保障制度等的教练员技术资格认证体制。

4. 强调对执教能力和效果的教育培养

教练员教育体制建立之初，各国普遍强调教练员对基础知识、基本理论的掌握。这为完善教练员能力结构，提高教练员能力，推动体育运动训练水平提高和项目发展起到了积极作用。随着经济社会的发展，人民生活水平的提高和体育运动的发展，单纯的知识掌握型教练员已经无法满足人民群众进行健身、休闲、娱乐等体育活动的需要，也不能满足迅速发展的高水平体育活动的现实需要。因此迫切需要对传统的以传授知识为主的教练员教育方式进行变革，正是在这种形势下，强调能力和实际效果的教练员教育方式应运而生。强调能力和效果是指教练员教育不仅仅要求教练员掌握相关知识，还必须更进一步地将所学知识与教练员的实际工作结合起来，产生积极效果，最重要的是提升运动员运动成绩。教练员教育由知识到能力和效果的转变是理念层面的转变，是对原有教练员教育方式的进一步提升，这种转变和提升必将有力地促进教练员教育的跨越式发展，成为教练员教育培养的主要方式。

5. 重视职业化发展与职业道德

职业化通常指工作状态的标准化、规范化、制度化，即在合适的时间、合适的地点，用合适的方式，说合适的话，做合适的事，使主体在知识、技能、观念、思维、态度、心理上符合职业规范和标准。[①] 职业化分为职业技能、职业道德、职业意识三个部分，三者中职业意识在职业化过程中起着关键作用，最难做到。[②] 纵观主要发达国家教练员教育现状和发展规划，其走向已经明确了教练员教育的职业化倾向，美国、加拿大、澳大利亚、德国、英国都制定了本国教练员教育规范文件，推行教练员职业道德，规范教练员

---

① 李宏飞. 职业化：21 世纪第一竞争力［M］. 北京：新华出版社，2007.

② 余世维. 职业化团队［M］. 北京：机械工业出版社，2007.

日常行为。

6. 关注女性教练和少数民族教练

体育运动的发展，使得女性教练和少数民族教练的教育工作得到越来越多的关注。随着教练员教育体制的转变，加拿大、澳大利亚和英国都将女性教练员和少数民族教练员的教育工作相继列入教练员教育规划，并进行了专门强调。在我国教练员教育培养中，也将会更多的关注女性教练和少数民族教练的教育和培养。

三、教练学的形成与发展

虽然有了教练的教育培养，就有了对教练本质及教练员成长规律的探讨，但教练学的形成却大大晚于对运动训练本身的研究。在我国，1986 年由过家兴主编的第一部《运动训练学》就有研究运动训练规律以及有效组织训练活动行为的科学的内容。此后，不同作者编写了《运动训练学》，但这些教材和专著中一直缺少专章介绍教练员及其教练行为，直到 2017 年由田麦久主编的《运动训练学》（第二版）中首次辟专章介绍“教练员职责与教练行为”（钟秉枢编写）。我国最早见到的有关教练学的教材是 2004 年吴贻刚编写的《教练员学》，其为上海体育学院自编教材，用于教练员培训，但未正式出版。书中介绍了教练员的产生及作用、行为与心理、管理行为与思想基础、素质与能力结构、职业道德、选拔培养的途径与方法。2007 年，由钟秉枢领衔翻译的美国运动心理学家雷纳·马滕斯的《执教成功之道》出版，其为全国体育教练员培训教材。该书是美国最畅销教练员指南，以执教原理、行为科学、教学理论、身体训练原则、管理理论为基础，将最新运动科学研究成果、第一手的实践经验和最优秀教练员的训练相结合，告诉人们，执教成功有其内在的规律可循，执教艺术可以科学地把握。《做 No.1 的教练——团队管理与领导艺术》（钟秉枢，2012）是高等院校运动训练国家级特色专业配套教材、中国教练员培训教材。全书涵盖了教练自我培养和指导的各个方面：明确岗位职责、建立执教理念、确定执教目标、关注个体差异、加强人际沟通、把握激励艺术、培养创新思维。《竞技教练学》（熊焰、王平，2016），是普通高等院校体育专业必修课程教材。该书从教练职业特征和教练员执教需要出发，以教练的基本原理、原则为基础，对教练员在训练和比赛过程中的理念、方法、手段和内容进行介绍。

在体育领域教练学逐步建立与发展的同时，教练学传播到了企业管理及其他领域。20 世纪 70 年代，美国海军士兵提摩西·葛维从部队退役后，在打网球时总结出一套练习网球的方法，即注意力集中法。通过这个方法，他成功地教会了许多从未接触过网球的人打网球，后来，葛维对外高调宣称“我可以让一个完全不会打网球的人在20分钟之内基本学会熟练地打网球”。此话一出，迅速引起了美国某电视台的兴趣，他们派记者现场采访报道，葛维随便找了一位从未打过网球且身形肥胖的女士，通过采用自己发明的注意力集中法，很快便让这位女士掌握了打网球的基本技术。葛维向记者解释说：“我并没有教她打网球的技巧，我只是帮助她克服了自己不会打球的信念，她的心态经历了从‘不会’到‘会’的转变。效果就很明显，方法就是这么简单。”这一事件在电视台播出后，引起了强烈的社会反响，注意力集中法得到迅速推广，传遍了整个体育界和企业界。葛维也因此名声大噪，许多企业管理者争相请葛维去讲课。葛维到企业后，没有去球场，而是被请到了会议室，在讲课过程中，企业管理者把葛维所讲的内容转化运用到了企业管理上，初步产生了教练学的雏形。到了1995年，国际教练联合会（International Coach Federation，英文缩写为ICF）成立后，国外的知名学府如剑桥大学、哈佛大学等开设教练学课程，牛津大学甚至开设了教练学博士生课程。2015年，中国教练师协会（China Coach Association，英文缩写为CCA）在香港注册成立，致力于教练行业有序健康发展。许多世界级顶尖教练共同推荐的教练学里程碑式著作——《教练技术：教练学演变全鉴》（维基·布克，2016），该书被称为教练学领域的“百科全书”，以生动活泼的方式全面描述了教练技术的发展历程：影响教练技术起源学科的社会经济因素、哲学的演变及其对教练技术的贡献、心理学的演变及其对教练技术的贡献、商业学的演变及其对教练技术的贡献、体育和其他学科的发展及其对教练技术的贡献、最初的教练、20世纪教练的兴起、教练行业的全球扩张、使教练业区别于其起源学科的因素、早期教练培训机构、首批专业教练协会、早期的专业协会、循证教练、教练行业的未来。2016年11月28日，中国教练暨导师学院联合复旦大学社会发展与公共政策学院开办的教练学理论研修班正式开课，根据职业教练必须具备的基础理论，精心研发与教练行业密切相关的社会学、心理学、管理学、哲学等方面的品质课程，创造性地从技法实修、理论研修和教练禅修三个方面来打造教练学课程体系。

从上述教练学的发展历程中可以看到，教练学是介于自然科学和社会科学之间的边缘性很强的新兴学科，既与心理学、行为学、社会学、管理学、教育学、训练学、艺术学等传统学科有着相当密切的学术联系，又是一门专业性很强的学问，具有自己的独特且相对独立的视野和领域。教练学的视角将过去对传统训练的关注更多地转向对运动员、对教练员的关注，更加注重教教练员如何了解运动员、关注运动员、激发运动员。教练学的研究和应用范围已从体育界扩大到了商界。在美国，有将近九成的企业在使用教练学，将教练学融入企业管理中。中国前足球外籍教练米卢曾在他36岁时学习过教练学，对他的足球执教事业发展起到了重要的推动作用。微软前中国区总经理吴士宏在其著作《逆风飞扬》中，也深刻回忆了她当年在微软就职时学习培训过的教练学。在我国，乐百氏集团掌门人何伯权讲道，运用教练学教育员工是一项有价值的投资，因为教练技术可以促进员工的成长和发展，给企业带来长远的效益。

本书的任务则是吸收国内外教练学领域有关理论和方法的精髓，系统阐述教练学的学科特征和知识体系，引领广大教练员、运动员、学生，获取科学完备的教练职业知识，进而丰富和拓展这一学科，推动其繁荣与发展。

四、教练学的研究对象与研究方法

（一）研究对象

自从有了体育比赛，就有了教练员；有了教练员，就有了教练的教育培养；有了教练的教育培养，就有了探讨教练的本质及教练员成长规律的科学——教练学。

教练学是探讨教练职业的本质、特点、作用、知识能力结构以及执教理念、风格和能力等问题的知识体系，是一门让教练员学习如何将运动员的个人理想提升为团队愿景进而实现团队共享目标的学科。围绕教练职业广泛涉及的问题，教练学不仅对教练的作用与职责、执教特性和职业特点、职业素养与素质结构、执教理念与执教目标进行探讨，还对教练员的执教风格与领导能力、教练员运动员协作伙伴关系的建立、教练员自我完善的技能，以及教练职业的现状和未来做系统地研究，以教练员、运动员及执教活动中二者的互动作为主要研究对象。

执教实质上是教练员与运动员在信念、价值观和愿景方面相互联结的一种协作伙伴关系，是教练员与运动员彼此共同发展的互动过程，是一种在教练员和运动员之间进行的有效对话，也是一门通过完善心智模式来发挥潜能、提升效率的管理技术。只有当运动员迫切需要进步和发展，教练员也希望帮助运动员去实现这个奋斗目标时，才能建立起的一种卓有成效的执教关系，激励运动员在训练和比赛中都追求卓越，并获得非凡成就。这种相互信任的关系包含相互尊重、精诚合作、竞争精神、追求共同目标、有挑战性和负责任的环境。

由此，教练学可理解为：通过使用差异应对、沟通、激励、指导、创新等执教技术，洞察运动员的心理，挖掘运动员的潜能，发现运动员的可能，提高运动员的技战术水平，有效达到教练员、运动员以及团队的最终目标，使运动员竞技水平和心灵成长的一门学科技术。

（二）研究方法

教练学是一门让人认识自己和了解自己的学科，教练员通过一系列的方法和技巧引导运动员找到盲点，解决问题，通过改善运动员的心智模式，发掘更多的可能性。进行教练学的研究必须正确掌握并合理使用有关的方法，在教练学的研究方法中，一般来说有以下几种：

1. 观察法

这是经常可以使用的简便易行的方法。一般的日常观察是一回事，把观察作为科学研究的方法则又是一回事。

2. 个案法

对于深入了解具有某种特殊性的运动参与者或者优秀运动员的训练和比赛情况，这种方法适用。

3. 文献法

即利用有关文献、记录进行研究。对于运动员日常训练计划的安排与实施效果的系统分析也属于文献法范畴。

4. 调查法

包括书面调查和口头调查。

5. 经验总结法

经验总结法是最常用的方法。

6. 实验法

规模可大可小，时间可长可短，实施难度稍大。

7. 录像解析法

录像解析法是经常使用的一种方法。

此外，还有其他的研究方法。各种研究方法都有相当严格的要求，有的还需要具备一定的技术条件。要想掌握这些方法并运用它们，还需下功夫学习。关于体育科学研究方法，在教练学习、培训和继续教育的过程中，都会有专门的课程讲授和课程培训，也另有专门的教材论述，这里不详细介绍。

为了便于教练学研究工作的进行，提出几点意见，供从事相关研究工作者参考。

首先，必须以正确的科学发展观为指导思想。科学发展观是观察一切事物的方法论，带有根本的指导性质。在研究中，要用辩证唯物主义和历史唯物主义的观点和方法去看问题，其中包括全面的观点、发展的观点、从事物的相互联系中看问题的观点等。如果能够善于掌握并善于运用这些观点和方法，就能够看到事物的本质而不致为其表面现象所蒙蔽，这样也就不会陷入教条主义或实用主义的泥潭中。

其次，要注意收集最新的科研情报，力求在较高较新的起点上开始研究工作。学术的发展是一个不断积累的过程，后人必须立足于前人已有的基础上才能有所创新。作为教练科研人员，应该对于与其工作联系紧密相关的那些新情况、新问题、新成果，经常保持接触，用新的训练理论、思想和方法不断武装自己，从而避免无效劳动和不必要的浪费与损失。

最后，科研人员要与实践工作者紧密合作。理论与实践相一致是进行学术研究的一项重要原则，这对于体育科研工作者来说尤为重要。教练学是一门实践性、应用性很强的学科，它的理论来源于实践，又必须应用于实践。因此，教练学的理论工作者必须与教练实践一线人员保持紧密的联系与合作，促进创新性研究成果的理论与实践。

五、学习教练学的目的与意义

（一）学习教练学的目的

执教是一项实践性极强的专业技术工作，只有在应对复杂、多变的执教过程中不断提高自身的执教能力，教练员才能更好地胜任所承担的教练工作。但教练员执教能力的提高是一个极其漫长的过程，不但需要多年的实践经验积累，更需要得到科学的理论指导。教练员学习教练学课程的根本目的，是通过学习、了解和掌握执教原理，加深对执教过程和执教行为的理解和认识，形成自身的执教风格和执教艺术，不断促进自身执教能力的提高。

（二）学习教练学的意义

学习教练学，可以有效促进教练员、运动员、运动爱好参与者以及各相关利益主体的目标实现。

首先，通过学习教练学可以使教练员更好地了解自己和执教对象的特点，进而使教练员有机会从更为人性的角度关注其所执教的运动员，理解并认同运动员第一、比赛第二的执教理念，在帮助运动员取得更好的运动成绩、实现更大的自身价值过程中，使其成长为更好的人。

其次，通过学习教练学，可以促进教练员更好地理解其在计划、实施、反馈、调节循环训练模式中发挥的主要功能，即教练员要学会制定战略愿景，创造训练环境，与运动员和其他人员建立积极有效的关系，组织训练和比赛，读懂和正确反映这一领域（教练要正确的观察和反映比赛情况，包括场内外发生的事情，有效决策），学习和反馈。这些功能在执教过程中贯穿始终，既可以是一个训练周期，也可以是一个赛季、整个赛季，一个四年训练计划，或者运动员整个职业生涯。通过学习和培训，可以使教练员更加深刻地理解自身的作用，并不断地改进和提升，最终形成独具特色的执教理念和执教风格。

最后，学习教练学，可以促进利益相关者间的可持续发展与合作，可以使教练员获取更好的执教地位和声望，可以塑造超级体育明星，成为全球商业的竞争核心，可以促进国家形象建设，为企业带来赞助合作机会，等等。

只有把握了教练的本质与核心，才能成功地走在执教之路上。

思考题

1. 教练学是如何形成与发展起来的?
2. 教练学的研究对象是什么?
3. 如何看待教练学的研究方法?
4. 为什么要学习教练学?

第一章

认清教练性质，确立职业规范

本章导读

教练是一个复杂的过程，具有旅程探索和故事讲述两方面的隐喻，教练员扮演着多重的角色，既是编剧，又是导演。在这一章中，你将全面了解教练员的作用、职责、执教特性、职业特点和职业素养。

学习目标

1. 了解教练员的执教对象、角色与职责。
2. 掌握教练员的执教特性与职业特点。
3. 熟悉教练员的职业素养。

第一节　教练员的执教对象、角色与职责

一、教练员的执教对象

教练是一个复杂的过程，具有旅程探索和故事讲述两方面的隐喻。美国美式橄榄球教练 Bill Mc Cartney 讲道：“所有的教练都是带领运动员开始一场未知的探索之旅。”虽然各个运动项目和每个国家的教练执教都有其独有的特征，但在全球教练界也存在很多执教上的共性。教练员的执教对象可分为运动参与型人群和运动竞技型人群。

（一）运动参与型

运动参与型人群指那些以自我为参照，通过参与运动获得乐趣、技能、健康生活方式的人群，进一步可分为儿童、青少年、成年人、老年人。其中，儿童（一般指 12 岁之前）刚刚开始接触不同的运动项目，“玩”是他们参与运动的核心，通过“玩”而获得的运动技能为他们未来个人选择和发展运动技能奠定基础。青少年（13—19 岁）参与运动强调的是娱乐性、互动性和趣味性，参与运动能够带来很多积极的效果，如健康的生活方式、社会交流和融合、生活技能的发展等。一些人到成年阶段仍然参与运动，提升了成年人的运动参与度。还有些人在青少年时期退出运动，到成年后，会再次参与到运动中来。

（二）运动竞技型

运动竞技型人群指那些以规范标准为参照，通过运动训练发展技能，提高运动技术水平，参加比赛并取得优异运动成绩的人群，进一步可分为青少年运动员、优秀运动员、精英运动员。

专访冰球运动员安吉拉·鲁杰罗

其中，青少年运动员的典型特征是从青少年早期就开始致力于某项运动项目训练，并不断增加训练和比赛的时间、频率和强度；集中发展运动项目所需要的技术、战术、身体、认知、社会和个人基础，以满足当前或更高层次比赛的竞技需要。一些运动项目的专业化会在非常小的年龄阶段就开始，训练中要认识青少年运动员的年龄特征，在制订训练和比赛计划时应该充分考虑他们的全面发展。

两种执教对象是相互联系的，每个人都可能在各分类别之间移动，通

过不同的方式在两种类型各分类之间变化，如图 1-1 所示。

▶ 案例——运动员倪虹

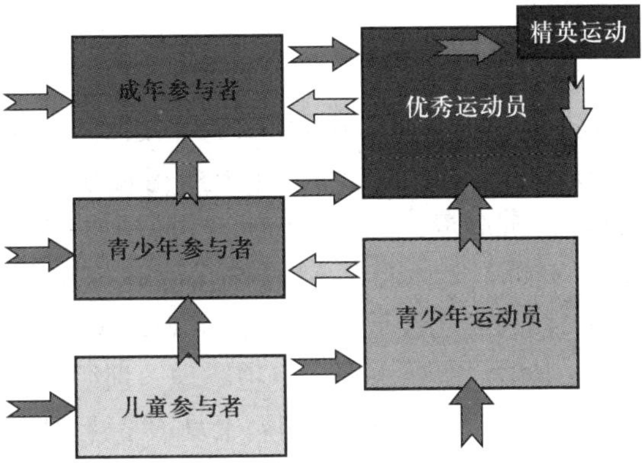

图 1-1　运动参与范围及发展通道

二、教练员扮演的角色

教练员在体育活动中占有举足轻重的地位，被誉为建筑师、设计师和创造师等。教练员所承担的工作和职责，使他们在运动训练中扮演着多重角色，而不仅仅是承担运动员训练的角色。多角色思考能够让教练员从运动员的训练、比赛、生活、学习中获取各种信息，使教练员能够统揽全局，从跨学科的角度对运动员的训练进行调控，从而可以充分发挥运动员的潜能和才智，有效提高训练和比赛的质量。

（一）采购员

教练员就像采购员，要亲自"采购"最符合项目需要的运动员。执教青少年的教练员，要挑选出有潜力、有天赋的运动员，把他们选拔到运动队训练。体操奥运冠军陈一冰的启蒙教练赵奇指出："教练员不是无所不能的，指导运动员，首先必须是块好材料，再经过后期的刻苦努力，才能成就千里马。"

（二）设计师

对"采购"回来的运动员，教练员要根据其具体条件和全队比赛的需要设计其发展方向。射击世界冠军束庆傲讲述他的经历："1979 年我进入南京军区成为射击队员，教练要求采用击发规律打法，刚开始我对打法也不清楚，教练怎么教我就怎么练，三个月的训练，成绩越打越差。针对我个人性格特点，教练改变了我的打法，成绩上升很快，最终站上了冠军领奖台。”

（三）指导师

教练员要对运动员的训练和比赛进行指导，察言观色，及时发现运动员出现的问题，从技术、思想、道德等几个方面花大力气去教、去导。技术上的指导要非常细腻，讲清楚，讲到点子上。思想上的指导，要仔细入微，训练育人。培养出丁美媛等奥运冠军、世界冠军的国家女子举重队教练姜雪辉这样总结了自己执教的成功经验：“选材要精确，包括专项级别、专项素质、专项能力、专项生化、专项生理、专项心理；训练要准确，包括年度、季度参赛指挥，赛后调整，针对不足，伤病康复；参赛要明确，包括赛前调整、赛场指挥、赛后恢复。”

（四）教师

教练员要像教师那样给运动员传道、受业、解惑，给运动员传授新的知识和思想。我国著名乒乓球教练员、国家体育总局原副局长李富荣曾严肃地告诫教练员：“教练员是老师，运动员都在看着你，你有没有威信，说的东西运动员听不听，他尊重不尊重你，就是看你自己做得怎么样。凡是要求运动员做到的，教练员必须要先做到。不能只严格要求运动员，而对自己放松要求，这样的教练业务水平再高，也不会得到运动员的尊重和信服。老师是人类灵魂的工程师，这个提法用在教练员身上也恰如其分。”

（五）导师

教练员与运动员朝夕相处，其一言一行都在潜移默化地影响着运动员，教练员也是运动员人生的向导。速度滑冰世界冠军获得者叶乔波这样回忆她的教练：“我的一个教练，时时觉得胸疼，但因为要带训练，没有时间去检查，直到比赛结束了才去检查，结果查出是乳腺癌晚期。医生为了挽留她的生命，将乳腺全部切掉了，还切除了两根肋骨。然而，病房中的教练一直担心新的训练周期，在手术一个半月后就返回了训练场。教练的这种精神非常感动人，也深深感动了我。这件事情对我影响很大。”

（六）管理师

教练员要全面负责运动员日常生活的管理和组织。中国乒乓球女队原主教练张燮林是这样管理他的队员的：“教练员要从作息制度上管理队员，从生活小事教育队员。凡是运动员来向我请假，我 99% 都会同意，但要讲真话；还有 1% 不同意，就是不准在外面过夜，这个关要把住，不管是谁。通过这些小事无形中提高队员的素质，这与打球也是联系在一起的。比如要求队员吃饭时不许浪费，养成吃干净碗中每一粒饭的习惯，在比赛中才能做到不放弃每一分球。”青少年运动员因为年龄小，更加需要教练员全面管理。

（七）外交家

教练员要同新闻媒体、观众和外界保持良好的接触，要妥善处理来自新闻媒体、观众和外界的压力。2002 年率领中国足球队打进世界杯的中国足球队原主教练米卢是这样对待媒体的：“我对有关中国足球的事很谨慎，对中国足球不利的事，我从来不讲。我知道怎么保护中国的足球事业，尽管有不足、有问题，但为了共同的目标，我们应该多讲积极的方面，使中国足球的发展有更好的环境和气氛。”

（八）学生

教练员还要把自己当作学生，善于倾听运动员的意见，时刻反省自己，不断自我完善。曾指导倪志钦和郑凤荣打破男女跳高世界纪录的国家田径队原总教练黄健是这样做的：“60 年代，我不止一次地求教于比我年轻的、但已有丰富经验的教练员和运动员。我向举重运动员黄强辉和赵庆奎请教最高限度负荷量的训练经验，向体操运动员学习他们训练中的‘秘密’，像他们那样又快又好地教会学生们做出复杂高难度动作的能力。我很喜欢阅读其他项目教练员的著作，了解他们的教练经验。如果一个教练像蜗牛那样蜷缩在自己的壳里，把自己同外界隔绝起来，对迅速变化的世界视而不见，他就不是一个好的教练。放下架子，重新做个朴实、勤奋和求知欲强的学生吧！”

（九）分析师

教练员要不断地对自己和队员、对本队和对手的训练和比赛进行分析、评估并做出结论。曾担任法国女排主帅七年之久的中国排球教练白觉刚对此深有感触：“中国教练在训练场上的时间多于法国教练，法国教练在训练场外用于研究本专业的时间要多于中国教练。法国教练训练之余必须查资料、看录像、观看其他队的比赛、分析数据，以数据来指导训练。这看似简单的东西，背后有很多学问。”

（十）营销师

教练员要善于为运动员的长期发展做好规划，还要将自己培养的运动员推荐到国内外更高水平的运动队，推销到国内外赛场。正如国际奥委会原主席雅克·罗格所言："我们要为运动员结束运动生涯时顺利走向社会创造条件。"

教练员承担着超出想象的繁重工作，尤其是青少年运动员的教练，需要对于运动员的长期发展给予更多更全面的关注，承担的角色也就会更加多元化。在多角色模式下，要协调好各种角色行为并且长期保持，是一件很困难的事情，需要教练员坚持不懈地学习。这是因为在角色转换过程中，每一种角色行为都可能受到别的角色形式的干扰。因此，教练员在角色及角色行为转换的过程中对角色的认知要准确，对角色行为对象与角色行为情景的把握要准确，尽量避免角色之间的冲突，提高角色的互补性。

三、教练员的职责

训练和参赛就好比制作一部电影或导演一出戏剧，教练员既是编剧，又是导演，他不仅要亲自挑选竞技场上的"演员"，还要悉心地训练与培养运动员，组织和引导运动员一步步达到参与运动的目标，完成自己的"作品"。为此，各国对教练员的作用与职责都有着严格的界定。

（一）国际体系的认识

国际教练教育委员会制定的国际体育教练体系（International Sport Coaching Framework）对体育教练员的作用和职责是这样认识的：

➢ 教练员对于促进体育参与和提高运动员及运动队成绩起到核心作用，按照国际认可、本地体育法规的要求，指导儿童、游戏者和运动员参与体育活动。

➢ 教练员致力于把运动员作为人，把运动队作为具有凝聚力的单位和拥有共同爱好的团体进行发展。

➢ 教练员在设计、实施和评估训练和比赛是否适宜时，最关心的应是运动员的幸福问题，是与运动员的积极互动，促进运动员的全面发展，而不是简单地记录输赢。

➢ 教练员有责任在其工作环境中去理解他人，与他人进行互动，并去影响他人。

（二）欧盟的认识

欧洲教练理事会制定的欧洲体育教练体系（European Sport Coaching Framework）对欧盟体育教练员的作用和职责是这样认识的：

➢ 教练员是一项高水平、有能力、有规范的职业，并拥有完整体系以成功培养不同水平的运动员。

➢ 教练员应像关心如何使运动员成绩最优化一样关心运动员的身心发展。

➢ 教练员应当尊重运动项目中每一位参与者的权利、尊严和价值，无论其性别、种族、宗教或政治身份如何，均应予以平等对待。

➢ 教练员应以开放、合作的方式工作，与其他相关责任人一起致力于提升运动员的福利和成绩。

➢ 教练员应当发展并维持高水平的训练，他们在训练课上的行为，每时每刻都反映出其科学知识和专业执教水平。

➢ 教练员每一层次的执教都须应用科学训练原则。

➢ 教练员在从初级资格水平到最终资格水平的发展过程中，须逐渐增进其责任和职业能力。

（三）美国的认识

美国全国体育运动协会和全国教练教育鉴定委员会审定的《美国运动教育计划》（《American Sport Education Program》）提出，美国体育教练员的作用和职责主要包括：

➢ 教练员不仅需要精通本运动项目的技术、战术技能，而且要懂得如何把这些技能传授给运动员。

➢ 教练员不仅要教给运动员运动技能，而且要教给运动员顺利走向社会需要的技能。

➢ 教练员不仅要引导运动员学习技术、战术和生活技能，还要指导运动员把这些技能和谐地呈现出来。

➢ 教练员是一名教师，但又不仅是一名教师。与教师不同，教练员的教学技能在每次比赛中都受到他人评价。

➢ 教练员是一名领导者，对运动员有着绝对的权力，对自己服务对象的生活有着巨大影响。

美国奥委会（USOC）审定的《青少年教练员执教信条》指出教练员的作用和职责主要包括：

➢ 将运动员的幸福和进步作为教练首要执教目标。

➢ 以体育手段教会青少年运动员追求公平的竞赛精神。

➢ 教会青少年运动员学会尊重对手、尊重规则、尊重裁判。

➢ 培养运动员的竞赛精神，鼓励他们学会获胜但又不仅仅局限于取胜，应让运动员在参与、提高和实现个人目标的体验中感到满足感。

➢ 合理安排比赛和训练，青少年运动员需要有时间享受其他有意义和价值的活动。

➢ 确保训练装备和设施的安全与青少年运动发展水平相一致。

➢ 不要大声呵斥运动员的失败或者错误，青少年运动员需要在不恐惧失败和讽刺的环境中参与训练。

➢ 青少年运动员需要鼓励和赞赏。

➢ 避免过度训练有天赋的运动员，运动员需要时间在训练和比赛中增长经验。

➢ 受伤运动员归队准备继续训练和比赛时，要遵守医生的建议。

➢ 了解运动员父母，鼓励他们成为你项目的志愿者，教会父母和志愿者理解训练需要高度的心理压力，过度关注获胜能够威胁到青少年身体和心理的幸福感。

加利福尼亚州审定的《教练教育道德行为指南》中，教练的作用和主要职责包括：

➢ 尊重运动员、裁判员和其他教练。

➢ 尊重裁判员的评判结果。

➢ 规范行为，做一个公平竞争、运动员精神和道德行为上的楷模。

➢ 优先保证运动员的安全和幸福。

➢ 全程对运动员提供正确的监督指导。

➢ 在批评和惩罚运动员时要考虑周全。

➢ 坚持要求运动员遵守规则和项目规范。

➢ 指导运动员安全使用装备。

➢ 不要过分干涉学生运动员选择加入学院或者大学的决定。

➢ 不要影响学生运动员因参与高校高水平训练而减低课程难度。

➢ 不要鼓励或者允许运动员使用兴奋剂。

➢ 不要从其他高校招募学生运动员。

➢ 遵守所在地域教育委员会设立的有关行为规范和程序。

（四）英国的认识

英国教练委员会（UK Coaching）对教练员的作用和职责是这样认识的：

➢ 能够与运动员进行有效沟通，了解他们的需求和目标，传授知识和信息，提供建设性意见和反馈。

➢ 训练的安排和组织以及项目训练计划要满足运动员的需求，并引导他们全面发展。

➢ 分析和评价运动训练效果，制定下一步训练目标和任务安排。

➢ 为运动员的健康幸福发展创造安全的训练环境是最为核心的目标和任务。

➢ 用开放的思想提升执教技能和知识，这也许是成为一个优秀教练的重要品质：评价自己知识和技能的能力和意愿，持续不断地改进与提高自身的知识技能。

（五）中国的认识

我国对教练员的岗位职责也提出明确的规定。1994年，原人事部和国家体育运动委员会颁布的《体育教练员职务等级标准》第二章第四条作了明确的规定：体育教练员的基本职责是完成训练教学任务，提高运动技术水平；全面关心运动员的成长，做好运动队的管理工作；参加规定的进修、学习。同时高等级教练员须承担对低等级教练员的业务指导、培训和辅导基层训练工作。

对于教练员的作用，国家体育总局局长苟仲文多次强调，在竞技体育发展上，就是要以运动员为中心，以教练员为首要，以条件保障为基础。而教练员在运动队中的作用，是不可替代的。

世界各国对教练员都非常重视，对教练员的作用和职责作了明确的规范，即训练育人，通过运动训练帮助运动员提高运动成绩，为社会培育合格的公民。

第二节　教练员的执教特性和职业特点

一、教练员的执教特性

（一）面对面的领导

从教练员扮演的多元化角色及角色的变化可以看到，教练员的执教实际上是教练员和运动员之间进行的有效对话，是教练员通过与运动员建立相互信任的关系，激励运动员在训练和比赛中追求卓越，获得非凡成就的过程，是一种面对面的领导，它把具有不同背景、天赋、经历和兴趣的运动员聚合到一起，鼓励他们承担责任和持续创造成绩，把他们当作全方位的合作伙伴和贡献者。为此，教练员必须富有责任感，有自如应对各类不同运动员群体的协调能力。

（二）关注人的发展

通常当我们问一位教练教什么的时候，得到的回答是"教篮球""教体操"等。基于这样的回答，教练认为自己是教某一项运动技术的，所以他考虑的是运动项目的制胜规律，考虑的是如何获取比赛的胜利，往往忽略了运动员的个别差异、运动员的个人发展，忽略了"人"。其实，教练员的执教并非只是懂得技术或者设计完美的比赛计划，它更需要关注人，真正地相信运动员，真正地关心运动员，真正地成为他们中的一员。当教练员将"教篮球""教体操"，变为"教人打篮球""教人练体操"时，观念就发生了变化，人成为主体，实现了由培育金牌向培育人的转变，由仅仅注重抓运动项目制胜规律向注重运动员的全面发展转变。

（三）成为管理全才

执教过程是一个相互联系的整体，教练员在执教工作中要学会理解和合作。教练员不是按章工作的劳动力，也不是按照既定程序进行工作的纯粹执行者，而是要根据运动项目或比赛的特定需求来制定训练任务、方法与进度，这就需要教练员具有创造性、探索性、创新性地开展训练工作。他们不仅需要在各自岗位上工作，更需要通过团队合作，参与深层次的互动，高效率完成工作；他们不是只做某方面的专家，而要融合专业技术，贡献自己的想法，成为运动队管理的全才。

二、教练员的职业特点

（一）高风险与高挑战并存

由于竞技体育比赛充满不确定性，且冠军只有一个，这就使得从事教练员职业的人冒着执教一辈子也可能未带出冠军运动员的高风险。有时候运动员训练表现非常出色，很有希望在比赛中获取优异成绩，但到大赛之前若出现伤病，几年的心血付之东流。拿不到奖牌虽然不能全怪教练员，可是拿不到奖牌也反映出教练员的执教效果不佳。这种高风险给教练员职业带来高挑战。高挑战的存在往往会激发一个人的工作欲望和创造欲望。高风险与高挑战并存使从事教练员这项职业好比坐过山车，时而巅峰，时而低谷，肾上腺素随时飙升，“痛并快乐着”，往往这也是教练员职业的魅力所在。

（二）高权威与低权威并存

在现代社会，从事其他职业的人随着阅历的增加，经验的丰富，职称的晋升，其个人在职业体系中的威望也随之增加，成为某一领域知名专家和权威，这种影响力一旦形成，几乎终身不变。而教练员职业则不然，所执教运动员获取成绩，拿到冠军，破了纪录，这一时刻你是镁光灯聚焦下的权威专家，是新闻媒体聚焦的中心，大家视你为冠军背后的英雄教练。一旦所执教运动员成绩下滑，冠军被他人所得，纪录被他人所破，这个项目的权威专家也就随之易人。好比华丽的竞技舞台落幕，教练员则被遗忘在大众视线之外，这时等待教练员体会的可能是落幕之后难言的孤独和挫败感。

（三）高投入和低回报并存

运动员的培养是项极其复杂的过程，具有规律性、周期性特征，需要长时期的多年系统训练。也正是因为训练周期比较长，一天、两天，一年、两年，短时间内可能都看不到成果。因此，教练员是一项具有高度责任感的工作，需要有职业情怀和激情。在多年训练周期中，教练工作非常艰苦，工作量很大，需要教练员全身心地投入。从早上开始带运动员出操一直到晚上熄灯，整天都要跟运动员在一起，没有节假日，没有上下班之分。上班时，需要在运动场上、比赛场上以身作则、指导训练与比赛；下班后，需要分析当天的训练、比赛数据，查找运动员训练、比赛中存在的问题及原因，观看录像，分析对手，判断对手在技战术上可能采取的行动，制定出切实可行的多个应对举措和训练比赛方案。要成为优秀的教练员，就必须付出超人的代价。然而，与许多其他职业工作者相对稳定的收入相比，教练员的收入与其所带运动员的成绩直接挂钩，而冠军只有一个，教练员的收入难以稳定，经济上回报有限。而当运动员获得冠军后，人们往往宣传和记住的是运动员，至于冠军运动员背后的教练，知晓的人则很少，使得教练员在心理上和身份上得到的回报也较低。

（四）高含金量和高成就感并存

对于一名教练员来说，高投入之后一旦有了高质量产出，即所执教的运动员在全国比赛乃至世界性比赛、奥运会上取得了优异成绩，这份产出无疑具有极高含金量，既意味着竞赛场上辉煌的荣誉和丰厚的成绩奖金，也包含了国家荣誉和民族认同等更为多元和宏大的国家元素。当看见自己执教的运动员站在领奖台上，奏响《中华人民共和国国歌》，五星红旗冉冉升起，尽管教练员未必被大家关注，但是教练员的荣誉感与骄傲感是无可比拟的。大型体育赛事是故事叙事的重要平台，我们常常可见，奥运赛场上教练员与获奖运动员或击掌相庆，或相拥而泣，那种画面所传达的激情与快乐，令所有人为之感动。台上一分钟，台下十年功，对于那些追求卓越的优秀教练员，为了一分钟的荣誉，十年的努力和付出是值得的。因为长时期的专业工作和投入，对于一名优秀教练员来说，所取得的辉煌成绩而产生的荣誉感和职业成就感，往往会令他 / 她终身受益。

教练员执教的特性和职业的特点决定了选择教练职业的人必须具有奉献精神、牺牲精神和创新精神，同时也因为具备独特职业魅力，从而吸引那些具有出色学识和技能、热爱教练员事业并且敢于迎接挑战的勇者。

著名排球教练郎平在接受中央电视台访谈时被主持人问道，她同期的队友在退役后纷纷选择从商、从政，均取得很大成就，对于她选择继续从事教练员职业有没有感到遗憾和后悔。郎平回答，因为从事教练职业，帮助那些来自世界各地的运动员不断成长，享受到更多排球运动的乐趣，内心感到非常充实与骄傲。一点也不觉得遗憾。[①]

国家体育总局原副局长崔大林曾经总结了教练员的人才特点：具有极强的竞争性、具有很强的决断性、具有抗压性、具有献身性、具有创造性、具有较强的感知性、具有专一性、具有张扬性。[②]

刘国梁在微博上写道：“从 2002 年 26 岁到 2017 年 41 岁，忙忙碌碌 15 年的主（总）教练生活，每一次大赛都是战战兢兢、如履薄冰……背后付出了多少，又承载了多少，只有跟我在奥运赛场上，出生入死的兄弟们才能懂我……只要我在球队一天，都要为国而战，也为球队的荣耀而努力……”

在中国体育史上，李琰是极为特殊的教练之一。李琰坦言道：“其实最难的是过程，现在大家在享受这个快乐的结果，但这个过程不是每四年而是每一天，每一天中你做的都是同一件事情，你要克服自己精神上的种种负担，挑战你自己，这每一天的过程是最难的。”

---

① 郎平专访，中央电视台《小崔说事》，2009 年 8 月 2 日．

② 崔大林．教练员的成功要素［J］．中国体育教练员，2006（1）．

第三节　教练员的职业素养

在党的十八届六中全会第二次全体会议上，习近平总书记指出："干部要提高专业素养。专业素养是专业知识、专业能力、专业作风、专业精神的统一，而不仅仅是专业对口那么简单。"教练员的职业素养是指教练员应具备的，以专业知识技能为基础，整合了情感、态度和价值观在内的，能够适应教练员终身发展和满足执教需求的必备品格和关键能力，是在执教过程中表现出来的综合品质，包含职业道德、职业技能、职业行为、职业作风和职业意识等方面。教练员是一个承担多方面角色的职业，也要求具备全面的职业素养。

一、教练员的知识结构

知识是人的各种素质形成的基础，是进行创造性劳动所必需的。由于训练活动在本质上是教练员对运动员进行长期的生物学、心理学和社会学改造过程，教练员的劳动也是创造性的智能和体能、技能相结合的复杂劳动。因而，教练员的知识结构，对于教练员综合素质的提升有着非常重要的作用。

钟秉枢等对我国有关单位领导、专家、学者、教练员的调查后，将60% 以上专家认可的教练员必须掌握的学科知识分为哲理知识、基础知识、专业知识和工具知识四大类（钟秉枢，2003）。李继辉对我国田径教练员知识结构进行研究后认为，田径教练员知识结构由专项经验、运动训练基础理论知识、运动医疗保健知识、工具性科学知识、哲学和思维科学知识五大类构成。国际教练教育委员会制定的国际教练体系则将教练员的知识结构分为专业知识、人际知识、个人内省知识三大类（图 1–2）。

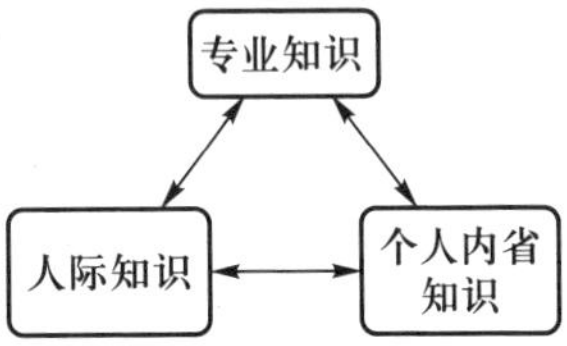

图 1–2　教练员知识结构

新时代，我国正处于体育强国建设进程中，必须转变体育增长方式，促进与国际体育的接轨。我国教练员的知识结构也应与国际教练教育委员会制定的国际教练体系相一致。

（一）专业知识

专业知识是与教练员职业紧密相关，完成教练员职责和任务应该具备的，与运动训练和参赛直接相关的相对稳定的系统化的知识。专业知识包括运动专项知识、运动员知识、运动科学知识以及工具知识等（表 1-1）。

▶ **表 1-1 教练员所需专业知识**

专业知识	细目
运动专项知识	项目基本规律 项目发展特征 项目制胜因素 技术和战术 项目管理 比赛规则 设施设备
运动员知识	专项运动员的能力及其发展阶段 运动员的动机
运动科学知识	运动解剖学、运动生理学 运动医学、运动营养学 运动生物力学、运动生物化学 运动急救、运动损伤预防 反兴奋剂 哲学、教育学 运动心理学、体育社会学 生活方式 体育产业
工具知识	语言（口头、书面、写作、阅读） 外语 计算机 基础数学 现代技术

（二）人际知识

人际知识是与教练员职业紧密相关，完成教练员职责和任务应该具备的、与人际关系处理相关的相对稳定的系统化的知识。人际知识包括处理社会关系知识、处理运动队关系知识、执教方法知识等（表 1–2）。

▶　表 1–2　教练员所需人际知识

人际知识	细目
社会关系知识	宏观和微观教练文化 伦理和运动员福利 父母和家人 同伴教练 官员、裁判、经纪人 俱乐部、学校、协会 政府 媒体
处理运动队关系知识	沟通 共情与同情 积极倾听和提问 特定情境下适宜的行为举止 运动员和运动队管理 运动员和运动队教育
执教方法知识	学习理论和方法 训练理论与方法 计划、组织和宣传 创造积极的学习气氛 研究、评价和反馈 示范和讲解 指导和改进

（三）个人内省知识

个人内省知识是与教练员职业紧密相关、完成教练员职责和任务应该具备的、与教练员个人成长相关的相对稳定的系统化的知识。个人内省知识包括执教理念、终身学习等（表 1–3）。

▶ 表 1-3 教练员所需个人内省知识

个人内省知识	细目
执教理念	认同 价值 信念 领导方式
终身学习	学习能力 自制力和责任感 理智 自我反馈 批判性思维和综合能力 知识创新思维

二、教练员的能力结构

能力是指顺利完成某一活动所必需的主观条件。教练员的经历不同，经验不同，知识水平不同，在完成训练和比赛活动中表现出来的能力也就有所不同。教练员的能力不同，其成就也就不同；能力越大，成就也会越大。

钟秉枢等通过调查指出，高水平教练员应具备的能力包括选材能力、制订计划能力、组织实施能力、教育管理能力、获得社会支持能力、情报掌握能力、科研能力、组织竞赛和裁判能力。李继辉的研究认为，田径教练员能力结构由专项训练能力、比赛指挥能力、科学研究能力、队伍管理能力和社会交往能力五项一级指标构成。国际教练体系则将教练员的能力结构分为战略思维能力、环境适应能力、训练比赛指导能力、赛场应变能力、学习总结能力、关系处理能力六种能力。为适应全球化时代体育竞赛的需求，我国教练员能力培养必须与国际教练体系接轨。

（一）战略思维能力

战略思维能力是教练员对运动队建设中带全局性、决定运动队发展全局的重大事情进行愿景创新和战略规划的思想方法和工作能力。战略思维能力包括把握全局、预测需求、确定愿景、形成任务、提出方针、制定措施、反馈调整、创新战略的能力（表 1-4）。

▶ 表 1–4 不同等级教练员所需战略思维能力

能力	初级教练员	中级教练员	高级教练员	国家级教练员
把握全局	*	**	***	****
预测需求	*	**	***	****
确定愿景		*	***	****
形成任务	*	**	***	****
提出方针		*	***	****
制定措施	*	**	***	****
反馈调整	*	**	***	****
创新战略		*	***	****

（二）环境适应能力

环境适应能力是教练员为满足运动队发展的需要而与环境发生调节作用的能力。在计划经济时代，运动队的一切都是由“组织”决定的，教练员环境适应能力的大小一般不会对教练员的发展产生多大影响。但在市场经济条件下，教练员的环境适应能力往往决定着运动队的前途和命运。教练员的环境适应能力包括制订行动计划、组织保障、选拔队员、选拔员工、配置相关资源等能力（表 1–5）。

▶ 表 1–5 不同等级教练员所需环境适应能力

能力	初级教练员	中级教练员	高级教练员	国家级教练员
制订行动计划		*	***	****
组织保障	*	***	***	****
选拔队员	*	**	***	****
选拔员工	*	**	***	****
配置相关资源	*	**	***	****

（三）训练比赛指导能力

训练比赛指导能力是教练员指导训练和比赛的能力。训练比赛指导能力包括设计训练方法、示范讲解动作、预防运动创伤、消除运动疲劳、调动训练积极性、选择与安排比赛、提高比赛能力、培养比赛作风、调控比赛情绪等能力（表1–6）。

▶ **表1–6 不同等级教练员所需训练比赛指导能力**

能力	初级教练员	中级教练员	高级教练员	国家级教练员
设计训练方法		*	**	****
示范讲解动作	*	**	***	****
预防运动创伤	*	**	***	****
消除运动疲劳	*	**	***	****
调动训练积极性	*	**	***	****
选择与安排比赛		*	**	****
提高比赛能力	*	**	***	****
培养比赛作风	*	**	***	****
调控比赛情绪	*	**	***	****

（四）赛场应变能力

赛场应变能力是教练员面对赛场内外意外事件等压力，迅速地作出判断与反应，并寻求合适的方法，使事件得以妥善解决的能力。通俗地说，就是赛场内外应对变化的能力。赛场应变能力包括观察与发现问题、调整与解决问题、果断决策、突发事件应对、记录和评价等能力（表1–7）。

▶ **表1–7 不同等级教练员所需赛场应变能力**

能力	初级教练员	中级教练员	高级教练员	国家级教练员
观察与发现问题	*	**	****	****
调整与解决问题		*	***	****
果断决策	*	**	****	****
突发事件应对	*	**	****	****
记录和评价	*	**	****	****

（五）学习总结能力

学习总结能力是教练员不断自我完善、反馈与学习的能力。学习总结能力包括赛后总结、科学研究与评价、自我反思和自我监督、终身学习、职业发展、创新等能力（表 1–8）。

▶ 表 1–8 不同等级教练员所需学习总结能力

能力	初级教练员	中级教练员	高级教练员	国家级教练员
赛后总结	*	**	***	****
科学研究与评价		*	**	****
自我反思和自我监督	*	**	***	****
终身学习	*	**	***	****
职业发展	*	**	***	****
创新		*	**	****

（六）关系处理能力

关系处理能力是教练员觉察他人情绪意向、有效理解他人和善于同他人交际的能力，亦即社会交往的能力。关系处理能力包括领导和影响、团队管理、沟通与交流、说服教育等能力（表 1–9）。

▶ 表 1–9 不同等级教练员所需关系处理能力

能力	初级教练员	中级教练员	高级教练员	国家级教练员
领导和影响		*	***	****
团队管理		**	****	****
沟通与交流	*	**	***	****
说服教育		*	***	****

三、教练员的素质结构

素质是在人的先天生理基础上经过后天教育和社会环境的影响，由知

案例——北京市中小学排球冠军赛

识内化而形成的相对稳定的心理品质，有三层含义：

第一，作为心理品质，这里所讲的“素质”有别于人的生理素质，不是先天的，不是生来就有的。它是通过教育和社会环境的影响逐步形成和发展的，是可以培养、造就和提高的。

第二，素质是知识内化和升华的结果，单纯具有知识不等于具备一定的素质，知识只是素质形成或提高的基础。没有知识作基础，素质的养成和提高便不具有必然性和目标性，但只具有丰富的知识并不等于具有较高的素质。

第三，素质是一种相对稳定的心理品质，由于它是知识积淀、内化的结果，因而它具有理性的特征，同时它又是潜在的，是通过外在形态（人的言行）来体现的。因此，素质相对持久地影响着人对待外界和自身的态度。

从运动训练的角度来看，教练员的素质结构应包括思想道德素质、文化素质、业务素质、身体心理素质。其中思想道德素质是根本，文化素质是基础，业务素质是关键，身体心理素质是保障。

（一）思想道德素质

竞技体育训练是一项长期的、系统性的训练过程，周而复始，日复一日，年复一年，工作格式化，生活单调，承受的心理压力巨大。由此，教练员必须有为祖国体育事业献身的精神，具有把国家利益、运动员的权利和需要置于个人利益之上的思想道德素质，能对党和国家体育事业的方针政策有正确的认识和理解，明确社会主义市场经济条件下的竞技体育功能，具有坚定的政治信仰，热爱祖国，热爱人民，热爱教练工作，具有终身为社会主义体育事业服务和献身的良好道德品质。它包括：

（1）忠，在公共场合和个人生活中维护国家尊严和职业尊严。

（2）孝，在与所有人员相处中应当严谨公正、体贴关心。

（3）诚，对待自己、同事和运动员要正直诚实，实事求是。

（4）信，有工作责任感，不仅对运动员，而且对同事要负责。

（5）礼，遵守法律、规则和各项规章制度，文明礼貌待人。

（6）义，热爱体育运动，献身体育事业，全力以赴把自己该做的事做好。

（7）廉，在工作中力求高标准要求自己，以身作则，为人师表。

（8）耻，以运动员的权利与尊严得不到应有的尊重与保障为耻。

（二）文化素质

教练员的文化素质是指教练员在文化方面所具有的较为稳定的、内在的基本品质。良好的文化素质是形成良好的思想道德素质和业务素质的重要基础，它体现一个人的文化涵养，有利于教练员开阔视野、活跃思维、升华人格、陶冶精神，为教练员的发展和更好地从事运动训练积累深厚的文化底蕴。教练员文化素质的高低，关系到能否培养出高智能高水平的运动员。黄莉研究表明，教练员普遍文化素质不高已制约了中国竞技体育向更高层次上发展。

著名管理学家德鲁克提出工业革命、生产力革命、管理革命三大革命概念之后，现代社会迎来第四大革命——“知识革命”。在知识革命的时代，不终身学习、不掌握知识、不会综合运用知识的人，注定要被淘汰。互联网时代信息的传递方式变了，学习的路径和方式变得多元，环境一直处于动态变化中，不确定性非常大。面对这样的时代，教练员要保持终身学习的能力，不断有目的地“放弃”，持续地去理解外部环境，突破自我极限，增长自身存量的知识和动态的知识。

（三）业务素质

训练活动在本质上是教练员对运动员进行长期的生物学、心理学和社会学改造的过程，因此，教练员的劳动是创造性的智能和体能、技能相结合的复杂劳动。因而，教练员的业务素质，外在表现为教练员具有的业务能力，对运动训练起着重要作用。值得注意的是，训练是科学与艺术的结合，教练员既是科学家也是艺术家，科学提供基础、知识和原则，支持运动员发展；艺术允许创新、创造、天赋、激情，推动教练员提高水平。运动训练是有规律可循的，有一套科学的训练理论、方法和工具。运动训练的艺术性表现在运动训练、比赛的实践性和创造性上。越是高水平的运动训练，运动训练的艺术性越重要，它要求教练员在特定的环境和条件下，创造性地运用运动训练的理论，恰到好处地把握训练，有效激励队员的训练热情，调整好周期安排，理顺队内队际关系等。训练的艺术是高水平教练员应力争把握的，也是教练员业务素质的一个重要内容。

（四）身体心理素质

运动训练过程是一个长期的、动态变化的过程，其间会经常遇到挫折、困难、挑战、压力；运动训练是一种富有挑战性、创造性的活动，教练员经常会面对训练场和竞赛场上发生的突发事件和意外事件，这些都对教练员的心理和行为产生影响。由此，良好的身体心理素质是教练员其他素质得以发挥的保障。它包括以下几个方面：

（1）具有健康的体魄，能够精力旺盛地投入工作。

（2）具有敏捷的观察能力，善于发现问题。

（3）具有丰富的想象力和思维能力，能够及时找出解决问题的有效办法。

（4）善于控制自己的情绪，能客观、理智、沉着、冷静、迅速而恰当地处理问题。

（5）有坚强的意志，坚韧不拔的精神，勇于面对各种挫折和挑战，经得起困难和失败的考验，充满信心，坚持不懈。

思考题

1. 教练员的职责是什么？
2. 与其他国家教练员比较，我国教练员在体制上有哪些优势？
3. 教练员职业有什么特点？
4. 教练员应具备哪些知识结构？
5. 教练员的基本职业素养包括哪些内容？

第二章

建立执教理念，设定执教目标

本章导读

清晰的执教理念和执教目标是成功教练员的奠基之石。在这一章中，你将全面了解为什么成功的执教需要理念、中外执教理念有何不同、如何更好地建立起自己的执教理念，以及执教目标有哪些功能、如何确定和评价执教目标。

学习目标

1. 了解并建立自己的执教理念。
2. 确定和评价自己的执教目标。
3. 了解执教理念和执教目标对成功执教的重要意义。

第一节 教练员的执教理念

一、对执教理念的认识

“你的执教理念是什么”，这是教练员最该回答的基础问题。

教练的理念被认为是一种价值观、态度、信念、思想体系和个人偏好，指导着教练日常实践。执教目标的实现依赖于执教理念，能够帮助教练建立高效的工作运行机制，任何一个训练计划的成功都离不开训练中所采用的执教理念。

形成独特的教练理念，要善于提出并解答下述问题：

我们是谁？教练或者是运动员？（教练或运动员的本质）

需要具备什么样的知识？（知识的本质）

训练应采用什么样的道德价值观？

应该如何教会大家学会尊重？

如何教会公平竞争、诚实和正直？

什么是美学价值？（美丑善恶）

建立执教理念是一个长期发展演化的过程，是训练计划成功的基础，是所有参与者的工作准则和运行计划。它包括运动员、教练团队、辅助团队、父母。执教成功之路开始于教练成长的理念路径（图 2-1）。

一个优秀教练员的衡量标准包括：① 有清晰的执教理念。② 了解运动项目和运动员。③ 清楚运动员个人需求。④ 是技术教师。⑤ 动机积极，发挥积极作用。⑥ 理解长期发展目标。⑦ 在技能发展方面非常强势。⑧ 以积极的学习体验对待成功与失败。⑨ 重视提高，胜任和追求卓越。⑩ 期望学习和提高。⑪ 能够和运动员及其父母有效沟通。⑫ 能够根据年龄恰当发展的运动能力。

在执教过程中，教练应遵循执教理念演化路径，以优秀教练员的标准去构建自己的“理念工具盒”，包含理念“工具”。例如，反思、自我意识和评估能够帮助他们更好地构建、理解自己的执教实践。不断检验执教理念是实现教练的目标和提高有效性的好方法。通过评估执教理念的，能够改善教练的不足，就像改善训练一样。

教练员如果能像获取运动技术知识一样，建立自己的执教理念，那么，就等于在执教过程中为自己建立了一个判断与抉择事物的坐标系，从而在有

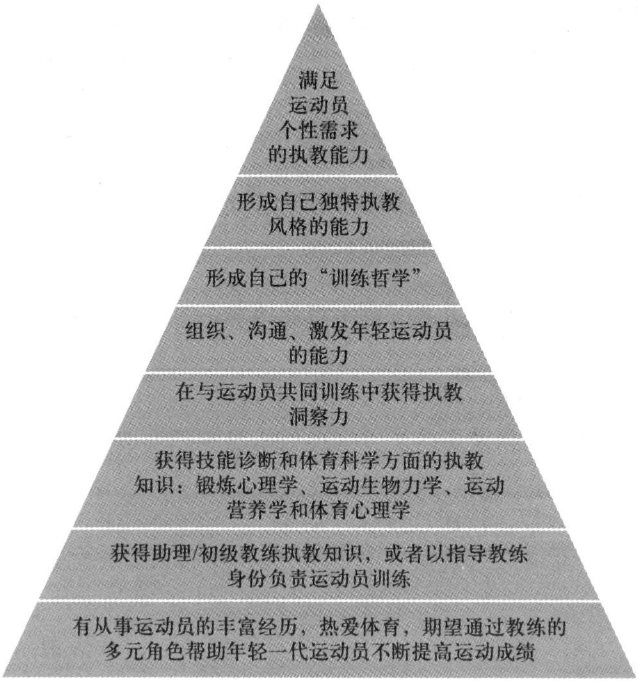

图 2-1 教练员执教理念演化示意图

限的时间内就能实现更大收益，成为更高效的教练。

二、不同执教理念的比较

（一）更高更快更强 VS 枪打出头鸟

西方文化造就了西方人普遍具有个性张扬、竞技进取精神的外向性格。在价值取向上，突出公平竞争，重视抗争，强调的是自我价值的实现，崇拜个人英雄主义，战胜对手是他的直接目的。这是一种要求成长性的文明，不断的奇思妙想。因此，西方把奥林匹克运动看作是人类不断挑战自我和超越自我的过程，是对人类生命可能性的无限挑战。“更快、更高、更强”这一奥林匹克格言反映的正是这种过程。

中国传统文化强调的则是中庸、谦恭、礼让、平和。李康《运命论》中“木秀于林，风必摧之；堆出于岸，流必湍之；行高于人，众必非之”反映的正是我国社会“枪打出头鸟”的传统文化。中华民族是礼仪之邦，历来倡导儒家文化，由于两千多年的熏陶和沉淀，这种文化始终对中国人有着不同程度的影响。表现在体育中，强调运动中的修身养性，主张内外兼修，期望达到人与自然的和谐，精神与肉体的统一。表现在训练中，教练员更多地强调集体的力量，忽视甚至阻碍了个性的充分发展。训练中有的运动员如果想要发展个人技巧，可能会遭到教练和队友的反对，认为是突出个人，缺乏集体意识，从而造成了运动员关键时刻、关键区域缺乏承担责任、创造性发展的勇气和能力。休斯敦火箭队主教练范甘迪在谈姚明刚进入 NBA 的表现时曾说："姚明需要成为一个汉子，在比赛中他给人的感觉是侵略性和压迫性还不够，我希望他能狠点、狠点、再狠点。"

中国体操队两次痛失机遇的例子也正体现这种文化的影响。

1966 年，八一体操队员王雪在单杠上创造了"团身后空翻转体 180° 抓杠"的动作。但当时我国体操界的教练们认为做这个动作是拿自己的生命开玩笑，绝非单杠发展方向。想不到，六年以后，德国运动员京格尔在国际比赛中完成了这个动作，被国际体联命名为"京格尔空翻"。京格尔在随后的世界比赛中，凭此动作多次荣获世界冠军。"京格尔空翻"也被称为单杠技术划时代的飞跃。

1977 年，国家体委原副主任陈先从苏联回国后，告诉国家体操队他在苏联访问时看见体操运动员在单杠上进行单臂大回环的照片。国家体操队教练听后当面点头说知道了，背后却议论陈主任是外行，认为他一定看错了，一只手做大回环根本就抓不住杠子。三个月后，当看到苏联运动员凭这个动作获得单杠世界冠军时，我们的教练员才知道这是真的。回国后自己一试，少年队员、成年队员一堂训练课就可以完成这个动作。

美国前总统林肯曾说过，"有些事人们之所以不去做，只是他们认为不可能。而许多不可能，只存在于人的想象之中"。用这句话可以深刻揭示"枪打出头鸟"文化对我们思维的束缚和影响。

（二）寻求共赢 VS 孤军奋战

体育竞赛中敌我之间，"双方不过是激烈的舞伴"，这句饱含辩证哲学和共赢理念的名言，出自美国杰出的篮球教练杰克逊。他是唯一一位曾带领两支不同球队赢得三连冠的 NBA 教练，他执教的球队 9 次问鼎总冠军，是历史上胜率最高的教练。他发掘了篮球史上最耀眼的球星迈克尔·乔丹，更让乔丹的潜力发挥到了极致。不少超级球星如布莱恩特、奥尼尔也是他的得意门生。杰克逊认为，无私忘我的合作精神 + 尊重对手 + 将胜负置之度外的宽容之心，是他率领公牛队获得成功的秘密。为了督促队员履行尊重对手的原则，他制定了罚款制度：用花里胡哨的动作侮辱对方、故意用粗野动作激怒对方、本队大比分领先还继续大投三分球不给对方留情面者将被罚款。他认为，篮球虽然是对抗激烈的竞赛，但我们应以宽广的心态把它看作压力下的艺术，双方不过是激烈的舞伴而已。

双赢，是指竞争双方并不是你死我活的关系，而是可以共同制胜的关系。对于这样的理念，中国沙滩排球队在美国训练后感受颇深。

2006 年 3 月 4 日至 4 月 20 日，中国沙排队在美国沙滩排球的圣地曼哈顿海滩和哈莫斯海滩训练了 45 天，特意邀请 2004 年雅典奥运会沙排冠军、美国队教练丹恩作为技术指导，每周和中国的姑娘小伙子们一起训练两三个半天，期间与美国职业沙排选手打了 67 场比赛。总结这 45 天的拉练，中国沙排队认为变化最大的是理念的改变，训练中只有伙伴。在训练中，我们的队员往往一站在网的两边，大家就会自然地称对方为对手，视其为攻打对象，经常是一记扣球将对手“打死”就算完成了一个回合。但在美国人眼里，沙排是一个没有任何“私人”秘密的项目，站在球网对面的同伴依然是训练伙伴，并不是假想中的敌人。他们在一起训练的目的就是互相了解，了解对手的优势与弱点，提高技术，并不是为了在训练中将伙伴“打死”。

（三）重在参与 VS 金牌至上

1908 年，在第 4 届伦敦奥运会的马拉松赛场上，意大利糖果商多兰多·皮特里第一个进入了运动场。但不幸的是他已精疲力竭，神志不清，先是跑错方向，后因疲劳过度，几次摔倒在地，但每次他都挣扎爬起，在离终点最后 15 米处，他又一次倒下了，再没爬起来，在两位医生的搀扶下走到了终点。由于在比赛中借助了他人的力量，皮特里被剥夺了获金牌的资格。但为了表彰他的进取精神，国际奥委会仍然授予他与冠军一样的金杯。当时的英国大主教彼得有感于此而说了一句迄今广为传颂的名言：“奥运会重要的不是胜利，而是参与。”这句话深深感动了在场的顾拜旦，他于是将这句话确定为奥林匹克运动的口号之一。

如今，在《奥林匹克宪章》里写着：“参与原则是奥林匹克精神的第一项原则，参与是基础，没有参与，就谈不上奥林匹克的理想、原则和宗旨”。“重在参与”成为奥林匹克精神的核心。中国传统文化中认同的却是“胜者王侯败者寇”“千银不抵一金”，即“金牌至上”。

2007 年第 3 期《乒乓世界》以“每个冠军背后都有个亚军”为题做了一期封面故事，文中写道：

“领奖台上一阶之差，银牌的背后却承载着无尽的失落、遗憾、痛苦、心酸。胜败无常，胜利的人进入下一轮的竞争淘汰，失败的人自动撤离。对于体育的残酷性已经不用再强调，就像马琳说的，每一场比赛都是决赛，胜或者负都面对着同样的晋级或者离开，不同的仅仅是一个名次，第 8 名，第 4 名，或者亚军。不管比赛打得怎么精彩，打得如何好看，人们记住的永远是冠军。”

对这样的局面，我国著名速滑运动员叶乔波说，“我反对人们都把目光集中在金牌数量上，或者把金牌的多少作为检验 2008 年奥运会成功与否的唯一标准”。

（四）兴趣 VS 纪律

2009 年，我国著名击剑教练王海滨对中法两国击剑教练员的执教理念进行了研究。研究发现，法国教练认为竞技形成阶段最重要的任务是培养运动员对击剑的兴趣，列在了重要程度的第一位，而对于建立良好的训练行为习惯是最不重视的，列在了最后一位（表 2–1），他们认为对于基础阶段的运动员来说，兴趣是第一位的，如果没有兴趣，日后漫长的训练过程他们会很难专注，而建立训练行为习惯会太过约束孩子，让他们失去兴趣和创造力。

中国教练的看法则有很大不同。他们认为击剑是对抗交锋项目，比赛是帮助运动员快速学习使用技术、战术的有效训练手段，因而比赛列在了重要程度的第一位。同时，中国教练认为自律、自我控制强的人更容易进步和成功，所以在基础训练阶段，培养良好的训练行为习惯是非常必要的，列在了第二位（表 2–1）。

▶ 表 2–1 竞技形成阶段训练任务重要程度排序对照表

排序	法国	中国
1	培养兴趣	比赛
2	基本技术练习	建立良好的训练行为习惯
3	比赛	基本技术练习
4	战术讲解	实战练习
5	实战练习	意志磨炼
6	发展相关身体素质	培养兴趣

续表

排序	法国	中国
7	意志磨炼	设定训练目标
8	设定训练目标	个体技术风格的确立与形成
9	个体技术风格的确立与形成	发展相关身体素质
10	了解击剑相关知识	学习竞赛规则
11	学习竞赛规则	了解击剑相关知识
12	建立良好的训练行为习惯	战术讲解

（五）时间 VS 效益

图 2–2 展示的是中美两国运动员周训练时间的比较。在美国，高水平运动队大都在大学进行训练，美国大体协对运动队的训练时间进行了严格限制，每周训练时间不得超过 18 小时。超过者取消比赛资格，教练员吊销执照。如此规定，使得教练员、运动员在有限的时间内不断改进训练方式方法，提高训练效果。

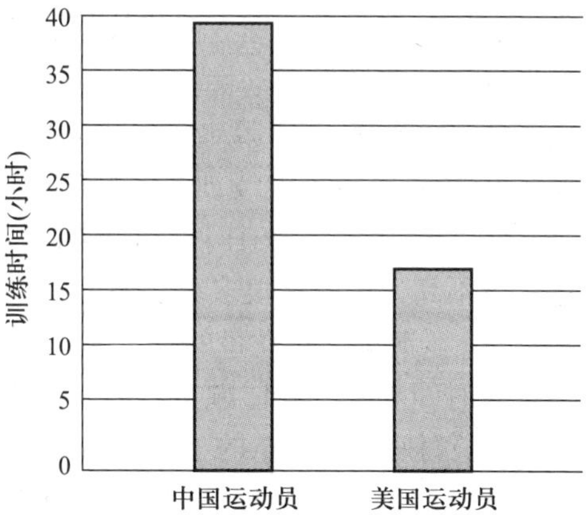

图 2–2　中美两国运动员训练时间比较

下面体操运动员的例子反映了外国运动员运动寿命长的现象。

霍尔金娜，女，俄罗斯，连续 5 次世界高低杠冠军。2002 年，25 岁的霍尔金娜获世锦赛平衡木第 4，是话剧《维努斯》女主角；2003 年，26 岁的她获世锦赛个人全能冠军；2004年，27岁的她获奥运会全能亚军。

丘索维季娃，女。2002年，27岁的丘索维季娃代表乌兹别克参加亚运会，获2枚金牌；参加世锦赛，获跳马第3。2006年，31岁的她为德国拿到了23年来的首枚欧洲体操金牌。2008年，33岁的她参加北京奥运会，成为历史上参加5届奥运会的第一人，获得第9名。

与外国运动训练中追求效益的做法不同，我国传统文化强调的是实用、适应、坚忍的人生哲学，“苦练”是人生哲学在运动训练中的最好体现。

2008年5月6日法新社发文《中国教练训练方式令人担忧》，文章中提道，当法国人克里斯蒂安·鲍埃尔被任命为中国击剑队总教练时，他做的第一件事就是让队员回家休息。他说：“他们因为训练过度而筋疲力尽，每个人身上都有伤，所以我给他们放了假。”

2005年上任中国女篮澳大利亚籍主教练汤姆·马赫说：“中国人的逻辑是，如果练2个小时很好，那么练4个小时肯定更好。如果你能练8个小时，那要是能练12个小时就更好了。”其结果是，中国运动员的训练强度远远超过他所见过的任何一国运动员，他有时不得不叫停训练，以免运动员受伤。

虽然苦练使某些项目取得了出色成绩，但代价是极其高的。长期、反复的高强度、大运动量训练导致或诱发运动性伤病，已经成为困扰运动员的最大问题。长时间大运动量的“苦练”，使运动员容易对训练产生厌倦，这就是许多运动员在取得一定成绩后不愿再继续训练，希望早日退役的原因之一。长时间大运动量的“苦练”，使运动员没有时间和精力进行文化学习、参与其他活动，运动员文化素质不高，这就是很多家长不愿意让有运动天赋的孩子从事竞技训练的主要原因。长时间大运动量的“苦练”，使教练员在训练课结束后也身心疲惫，很难有时间静下心来回顾、思考、总结，无暇顾及自身提高和进行高质量的备课。长时间大运动量的“苦练”，使运动员和教练员的训练粗放经营，不敢注意细节，无法注意细节，因为注意细节要精益求精，而精益求精的训练与工作是难以长期持续的。对这种长时间大运动量“苦练”所酿成的“苦果”，已经引起我国体育管理层领导和一些教练员的重视。

切实提高教练员把握竞技体育规律的能力和科学训练水平，改变简单增加训练时间和拔苗助长地加大训练量的粗放式手段提高运动员技术能力的不科学的做法，杜绝和减少由于训练不当引发的运动性伤病。变粗放式训练

为集约式训练，提高训练的效益和水平。

——国家体育总局原局长 刘鹏

长期大量的低强度训练容易造成疲劳，尤其是神经系统的疲劳，不会对专项训练形成有效的刺激，不利于专项水平的提高，运动员神经和肌肉系统无法适应比赛时连续的高强度刺激。

——著名跨栏运动员刘翔的教练 孙海平

大强度、高密度、多课次、精课时。

——国家男子举重队总教练 陈文斌

刘翔改变那种大周期、长节奏、低质量、大运动量的训练方法，采用小周期、短节奏、多课次、高质量训练的安排方法。

——国家体育总局田径运动管理中心原主任 罗超毅

恢复和休息都是训练的一部分。训练课之间必须好好休息。上午训练时间是9：30—11：30，下午训练时间是15：00—17：00，中间要有足够的休息。比赛后休息两天，远离球场，防止神经性疲劳。训练中不拖时间，讲究效益，训练高峰时结束训练。

——中国篮球队

一次训练课的时间过长，运动员只是应付训练，并不能达到主动训练的效果，不能达到预期训练目的。因此，采用一课多练的训练手段，即每天早晨、上午、下午、晚上练4遍，少食多餐，有效地提高了训练质量。

——辽宁女子柔道队教练 刘永福

在当前的训练过程中，越来越强调提高教练员把握竞技规律的能力，提高科学训练的水平，改变简单增加训练时间和拔苗助长地加大训练量的粗放式手段，提高训练的效益和水平，减少由于训练不当引发的伤病。

上述5组迥然不同的中外执教理念的对比，不仅来自东西方文化和思维方式的巨大差异，更深深植根在教练员的头脑之中，影响着教练员的执教行为，并对执教结果产生或好或坏的影响，成为影响教练员执教效果优劣的直接因素。

三、建立自己的执教理念

2015年7月20日，习近平总书记主持中央政治局会议，研究关于制定国民经济和社会发展第十三个五年规划的建议时，十分重视发展理念的梳理。会议认为，要认真总结经验、深入分析问题，把发展理念梳理好、讲清楚，以发展理念转变引领发展方式转变，以发展方式转变推动发展质量和效益提升，为“十三五”时期我国经济社会发展指好道、领好航。2015 年 10 月 29 日，习近平总书记在党的十八届五中全会第二次全体会议讲话中明确指出：“理念是行动的先导，一定的发展实践都是由一定的发展理念来引领的。发展理念是否对头，从根本上决定着发展成效乃至成败。”“发展理念是战略性、纲领性、引领性的东西，是发展思路、发展方向、发展着力点的集中体现。发展理念搞对了，目标任务就好定了，政策举措跟着也就好定了。”习近平总书记的这些话，深刻揭示了观念突破在国家变革、社会进步中的重要意义，没有理念的创新，就没有一个国家的真正崛起。

如果将社会发展的历史规律，引入教练员执业的微观领域，喻义不言自明，即要想成为优秀的教练员，必须突破旧观念的束缚，打破思想的牢笼，建立起符合成功规律（绝非单纯取胜）的教练员自己的执教理念。

如前所述，理念包括主要目标，即个人看重和希望获得的事物以及有助于达到目标的信念和原则。其实，无论是生活还是执教，每个人都有着自己的理念。理念在人的意识中可能已形成，也可能还未形成。对于理念个人可能主动意识到它的存在，也可能仅是一种无意识的感觉。当教练员在许多训练问题上做选择的时候，教练员的执教理念便要接受考验了。一旦做出选择，教练就会根据自己的原则来评价选择的后果。有利的评价强化教练的原则；不利的评价，尤其是重复的不利评价，可能表明教练需要寻求不同的原则。

理念不是随意从一种渠道获得，它来自一个人的经历。一个人的生活理念通常会影响到他的执教理念。职业生涯中率队获得 1 274 场胜利的美国大学篮球教练摩根 · 伍腾总结：“每一位成功的教练员均应将丰富的运动体验与规律性的理性思考有机结合，建立自己的篮球理念。这是走向成功的篮球教练最重要的一步。没有篮球理念，你就缺乏路线图，没有成功达到目标的方向。”通过反思自己的信念和设想，通过总结自己的经验和教训，教练员可以建立指导行动的原则，发展自己的执教理念。

第二节 教练员的执教目标

一、执教目标与功能

执教目标是教练员在执教实践中的预定任务、指标和预期效果的统一，对其可以进行数量、质量、时间和空间等层面的具体结构解析。简单地说，执教目标就是教练员在一定时期内所要达到的预期的具体成果。

执教目标对于执教进程具有定性与定向、规范与控制、励志与激发、评价与检测等方面的重大功能，即它能明确训练发展方向，提示训练计划要点，提供训练比赛经验方法，确定训练比赛评价基础，等等。可见，执教目标能够为训练比赛指明方向，支配执教实践活动，指导教练员训练计划的编制，具有激励作用、凝聚效果，是对教练员执教工作进行考核的依据。如图 2–3 所示。

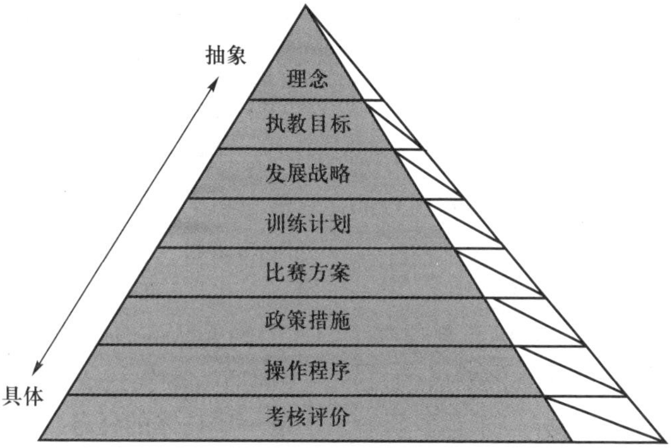

图 2–3　执教目标的功能

执教目标的功能在训练和比赛时间中随处可见。

有一个叫丹尼尔的外援来试训，这个队员的个人能力很强，身体棒，挺玩命。下雨天，别人带不动球，他能带起来，在试训时，他进了几个球。很多人认为进球说明他有实力。但他的打法完全是一种个人行为，靠自己，不讲配合，而且技术也比较粗糙。作为教练，你把他留下来，还是让他离开？

2002 年，乔丹在奇才队效力，他披挂上阵出现在球场上的商业效应，无与伦比，让任何人都感到心动。他让奇才队主场连续 82 场爆满，球队从门票和相关产品中赚得盆盈钵满。但球场热烈的气氛并没能促进球队成绩的提高，乔丹的作用越来越限于震慑对手，而不是掌握胜局。乔丹的光芒让很

多年轻人沮丧，感觉无出头之日，整支球队开始出现骚动。作为教练，你怎么办？是留下乔丹，还是起用新人？

在上面第一个案例中，金志扬教练选择了放弃，没有留下这名队员，因为他认为这名外援不能帮助球队实现目标。因为球队是一个追求目标的有机整体，如果个体无法服从整体目标需要，即使再优秀，他也不是球队需要的。

在上面第二个案例中，奇才队老板波林宣布乔丹离队。波林早已预料到，失去乔丹就意味着损失金钱——新赛季的票房收入肯定会下降，但因为走出"飞人"的阴影，球队的气氛将开始好转，年轻人在训练中将更加投入。"健康的气氛无疑是最重要的。"这是波林向乔丹说"再见"的根本原因。

1995 年，金志扬接替唐鹏举出任国安队主教练。由于前一年联赛成绩不佳，只获得了第八名，国安俱乐部在召开董事会讨论当年名次目标时，有人保守地提出，目标应定为保六争三。当时的董事长王军则说不要提什么名次，国安的目标就是要争第一，得不了第一，也要有时刻争第一的想法。王军的这一番话在金志扬的重新诠释下，成为国安队的旗帜和精神。"永远争第一"就这样成了北京国安队的口号。当时有人嘲笑这支队伍不知天高地厚，但金志扬教练说："'永远争第一'不是一项具体的任务，它代表的是一种积极向上、拼搏进取的精神。如果没有争第一的想法，怎么会有争第一的行动？"结果，在目标的激励下，1995 年的联赛，国安就拿到了第二名的好成绩。循着"永远争第一"的目标，国安队几经周折，终于在 2009 年登上了中超联赛冠军的宝座，夺得十六年来的第一个冠军。

教练员基本都会遇上类似情境，如果还没有遇到，总有一天会遇到。这时，教练员不得不做出的决定不仅会影响队员，还会影响整个球队。而教练员采取什么决策很大程度上取决于他的执教目标，它是执教理念的基本组成部分。作为教练，你有没有想过自己作为一名教练的目标是什么？如果说你把获胜作为目标的话，真的是你说的这样容易吗？你是否还想达到其他目标？你个人想从执教中得到什么？金钱，荣誉，还是其他？这些问题值得那些即将选择教练这一职业的人深深思考。

二、确定执教目标

执教目标会限定你以何种方式看待自己的教练角色，进而会限定你的许多教练行为。执教目标不仅仅是获胜目标，它还往往是一种成长目标。金牌与荣誉固然是诱惑，但卓越的教练员绝不满足于此。

1994 年，人事部、国家体育运动委员会颁布实施的《体育教练员职务等级标准》明确规定，“体育教练员的基本职责是完成训练教学任务，提高运动技术水平；全面关心运动员的成长，做好运动队的管理工作”。由此，可以将教练员执教目标大体分为在比赛中获胜和帮助运动员成长两类。运动员的成长包括身体、心理和社会三个层面。在身体上，通过运动训练，增强体质，形成良好的健康习惯，提高运动技术水平；在心理上，通过运动训练，磨炼意志品质，学会控制自己情绪，发展自我价值观；在社会性上，通过竞争情境中学会合作，建立恰当的行为标准。

对教练员而言，上述目标哪个重要？是取胜，还是帮助运动员成长？有的教练员认为这两个方面都重要，但它们同等重要吗？如果必须从中选择，作为教练员，你会选哪个？在追求胜利时，教练员往往要在运动员获得优异成绩和运动员的幸福与长期发展之间进行艰难抉择。那么你的首选会是什么？

（一）获胜的目标

1994 年，人事部、国家体育运动委员会颁布并至今仍在执行的《体育教练员职务等级标准》中，明确规定了各级教练员的任职条件。现以优秀运动队国家级教练员的任职条件为例：

“具有体育院、系本科以上学历，并经过国家级教练研讨班学习，担任高级教练工作五年以上；有两篇发表过的高水平论文，或具有国际水平的反映本项目训练成果的学术文章，或多次进行国际国内讲学和学术交流；掌握一门外语，能阅读和翻译本专业外文技术资料，进行技术交流；训练两年以上的运动员或培训两年以上的运动员输送后四年内取得下列运动成绩之一：

（1）奥运会前三名。

（2）奥运会四至六名并世界锦标赛或世界杯赛前两名。

（3）世界锦标赛或世界杯赛三人次冠军。

（4）亚运会二人次冠军并亚洲锦标赛或亚洲杯赛二人次冠军。

（5）向国家队输送三名以上运动员或有三名以上运动员代表国家参加亚运会、世界锦标赛、世界杯或奥运会比赛，并取得五次全国最高水平比赛冠军或二人次亚运会（亚运会比赛项目亚洲锦标赛或亚洲杯赛）冠军。

（6）集体项目奥运会前十名。

（7）集体项目世界锦标赛或世界杯赛两次前两名。

（8）集体项目亚运会冠军并亚洲锦标赛或亚洲杯赛冠军。

（9）集体项目向国家队输送五名以上运动员或有五名以上运动员代表国家参加亚运会、世界锦标赛、世界杯或奥运会比赛，并取得亚运会（亚运会比赛项目亚洲锦标赛或亚洲杯赛）冠军或二次全国最高水平比赛冠军。”

从对国家级教练员的任职条件标准可以看到，教练员所带运动员在比赛中所取得的成绩，是检验教练员工作效果的重要标准。换言之，教练员的工作效果，需要通过运动员的比赛并在比赛中取得优异的运动成绩才能得到社会的认可，才能体现出现实的价值。这是教练员获得社会地位、声望、物质和精神利益的主要方式。获取了优异的运动成绩，教练员才能够利用成绩资本获得政治、经济、文化等方面的各种价值取向①，如得到和运动员相当报酬的丰厚奖金。一旦成绩不理想，就可能被解聘，即便不被解聘，也会影响到待遇。

表 2–2 是从一些省、市政府公报②中获得的这些省市政府对在第十届全国运动会上取得金牌、银牌、铜牌运动员和教练员的奖励情况。从表 2–2 中可以清晰地看出运动成绩带来的经济利益和政治利益。

▶ 表 2–2 部分省市对第十届全国运动会取得金牌、银牌、铜牌成绩的奖励情况统计

省市	运动员	教练员
重庆市	给获得金牌的运动员记二等功 1 次	给获得金牌的教练员记二等功 1 次
云南省	运动员为云南省第十届先进工作者荣誉称号，并颁发奖章、证书和奖金	教练员为云南省第十届先进工作者荣誉称号，并颁发奖章、证书和奖金
广东省	给获 2 枚以上金牌的刘海涛等 13 名运动员记一等功 1 次；给获得 1 枚金牌以及双计分的球类项目银牌运动员记二等功 1 次；给获得银牌或铜牌的运动员记三等功 1 次	教练员和为超额完成任务作突出贡献的高敬萍等 7 名同志记一等功 1 次；给获得 1 枚金牌以及双计分的球类项目银牌的教练员记二等功 1 次；给获得银牌或铜牌的教练员记三等功 1 次

① 钟秉枢．成绩资本与地位获得：我国优秀运动员群体社会流动的研究［D］．北京：北京体育大学，2007.

② 重庆市人民政府关于表彰我市出席第十届全国运动会有功单位和人员的决定（渝府发〔2005〕104 号 2005 年 11 月 7 日）；云南省人民政府关于表彰我省参加第十届全国运动会运动员教练员的决定云政发〔2005〕189 号；广东省人民政府关于表彰第十届全国运动会广东代表团先进单位和先进个人的通报粤府〔2005〕101 号；上海市人民政府关于表彰在第十届全国运动会上作出突出贡献的上海体育代表团运动队、运动员、教练员的决定沪府发〔2005〕28 号；福建省人民政府关于表彰参加第九届全国运动会获奖集体、个人的决定闽政〔2002〕文 1 号。

续表

省市	运动员	教练员
上海市	给获得金牌运动员记一等功；给获得银牌的运动员记二等功；给获得铜牌的运动员记三等功，同时，按照有关规定给予相应的物质奖励	给获得金牌的教练员记一等功；给获得银牌的教练员记二等功；给获得铜牌的教练员记三等功，同时，按照有关规定给予相应的物质奖励
辽宁省	取得金牌的运动员奖励奖金 15 万元；取得银牌的运动员奖励奖金 5 万元；取得铜牌的运动员奖励奖金 3 万元；取得第四名至第八名的运动员每人每分奖励 900 元	取得金牌的教练员奖励奖金 15 万元；取得银牌的教练员奖励奖金 5 万元；取得铜牌的教练员奖励奖金 3 万元；对取得第四名至第八名的教练员每人每分奖励 900 元
福建省	获得金牌的运动员记一等功 1 次；对获得金牌的运动员奖励奖金 8 万元；对获得银牌的运动员奖励奖金 4 万元；对获得铜牌的运动员奖励奖金 2 万元；此外，对我省体育代表团取得的团体总分，按每分 800 元予以奖励	获得金牌的教练员记一等功 1 次；获得金牌的教练员奖励奖金 8 万元；获得银牌的教练员奖励奖金 4 万元；获得铜牌的教练员奖励奖金 2 万元；此外，对我省体育代表团取得的团体总分，按每分 800 元予以奖励

不仅教练员的任职条件与运动成绩直接相关，地方体育行政部门和管理部门、训练单位和教练员接受年度考核与周期考核时，所用到的最直接、最鲜明的评价指标，正是相关运动员参加上一级比赛，特别是综合性运动会中所取得的成绩。由于这些成绩常常与单位、教练员的切身利益如奖金、住房、职称、晋升等密切相关，这在客观上就要求教练员必须培养出具有竞争力的运动员，亦即意味着教练员不得不把获胜放在重要的位置。

我国体操运动员莫慧兰的获奖感言，证实了获胜目标在我国运动员和教练员心目中的位置："中国运动员（获得）冠军跟亚军的区别真的有着天壤之别，拿到冠军就一日千里、天翻地覆，所以在中国运动员和教练员心里只有一个目标那就是冠军，一旦拿到冠军后改变的不是一点点，而是天翻地覆。"

国家体育总局原副局长蔡振华对单纯获胜的观念提出了尖锐的批评："有些出了世界冠军的省市，其运动员从小却不怎么上学，这种拔苗助长、过早投入专业训练的做法将会给运动员造成身心创伤，导致过早地夭折，或者伤痛缠身、文化欠缺……这是对社会的不负责任……"

（二）成长的目标

在美国，《年轻运动员权利法案》(《Bill of Rights for Young Athletes》)的理念基础和美国运动教育计划(《American Sport Education Program》)的座右铭是“运动员第一，获胜第二”。它的意思是：教练员做出每项决定和展示每种行动时，首先要判断是否对运动员的幸福和长期发展最好，其次才是提高运动员或球队的获胜机会。他们认为，归根结底，重要的不是赢得多少比赛，而是有多少年轻人在教练员的帮助下变成生活的胜者。

欧盟教练理事会对教练员的有效执教提出了如下定义：教练员灵活运用体育相关知识、人际关系知识和人内省相关知识，在运动员成长的不同阶段，都能发展运动员的能力、自信、沟通和品格。在这里，能力、自信、沟通、品格是教练员帮助运动员的最重要的产出。

不论是美国的“运动员第一，获胜第二”，还是欧盟的“发展运动员的能力、自信、沟通和品格”，并不意味着获胜不重要。任何比赛直接的短期目标都是获胜。在比赛规则允许的前提下努力争取胜利，应该是每一位运动员和教练员的目标。成长目标强调带来运动快乐的不是目标本身，而是达到目标的梦想，是对胜利的追求，是在追求胜利过程中帮助运动员在身体、心理和社会方面得到发展。这就需要教练员把运动员的成长作为执教的首要目标，进而在为实现这一长期目标而奋斗的过程中，达到次要目标和短期目标，即获胜。在2008年北京奥运会、残奥会总结表彰大会上，胡锦涛就号召全社会，特别是体育界，“要关心运动员的长远利益和全面发展”。

下面我们来看三个案例。

张宁：打羽毛球是人生的乐趣

张宁，我国著名的羽毛球运动员，16岁进国家队；19岁，主力队员，获尤伯杯女单亚军；21岁，获奥运会羽毛球女单银牌、世界杯女单冠军；23岁，获大奖赛总决赛女单冠军；26岁，获世锦赛女单第三；28岁，获世锦赛女单冠军；29岁，获奥运会羽毛球女单金牌；30岁，获世锦赛女单亚军；31岁，获尤伯杯女单冠军、世锦赛女单亚军；2008年33岁，再获奥运会羽毛球女单金牌。当人们问她为何能坚持这么长时间时，她回答道：“人在成长中才会发现很多自己以前从不知道的事情。我不到今天这个年纪、不经历过这么多成功与失败，是难以体会到羽毛球现在给我带来的这种快乐。我发现，现在我打羽毛球是一种人生乐趣，在这种乐趣中，你只有割舍不了的情感，而不会考虑其他。”“作为运动员，固然对金牌、对冠军有强烈的渴望，但我认为，运动员的运动生涯不能仅仅就是为了去拿金牌和冠军。只是，能有这样的理解也是一种感悟的过程。”“我觉得一个人越是在享受乐趣的心态下工作，心情越是轻松，成绩就会越好，压力就越小。通过我给年轻队员一个启示，那就是在比赛场上是没有年龄限制的，只要你有信念去争取，就会得到成功，享受到乐趣。”

由张宁对记者的回答，我们看到了张宁对获胜的追求，以及在追求获胜过程中的成长。

痛失金牌与赢得奖牌

2008年8月14日，奥运会女子佩剑团体决赛，中国队以44：45的比分，最后一剑惜败乌克兰队屈居亚军。中国佩剑姑娘们抱头痛哭。中国媒体、运动队的领导连声叹息“中国姑娘痛失金牌”。但此时，中国佩剑队的法籍教练鲍埃尔拍着姑娘们的肩头，大声说道：“姑娘们，你们获得了奥运会银牌，得了亚军，是个巨大成就，应该高兴呀！”

同样一件事情，两种不同的评价，值得我们深思。

没有他，球队是不可能走到冠军决赛的

在争夺全国大学生男子篮球冠军的比赛中，当时钟显示还剩最后几秒时，乔治敦大学的后卫弗雷迪·布朗莫名其妙地把球扔到了北卡罗来纳的詹姆斯·沃西手中，招致了乔治敦大学的失利。乔治敦的教练约翰·汤普森在铃响之后找到布朗，没有责骂他，而是把胳膊亲切地搭在这位沮丧的后卫的肩上，在伴随他离开球场时给予他鼓励的话语。汤普森解释说，如果没有他，球队是不可能走到冠军决赛的。①

由此可以看到，作为教练员，需要把握和弄清的是，由于赢得比赛胜利的回报迅速，反响巨大，因此努力争取在比赛中获胜成为竞技体育的重要目标，但它绝不是最重要的目标。帮助运动员的健康成长和发展比获胜更为重要，即所谓的“夺标育人”。只有将夺标与育人相结合，以长远观点看胜负，才能培养出敢于追求卓越、勇于冒着风险、承担责任的运动员，他们才会去学习和创造，才能够体验到体育快乐，才能够在竞赛场上走得更加久远。因此，作为一名追求卓越的教练员，应该经常问一问自己，我能不能一

① [美] 雷纳·马滕斯. 执教成功之道 [M]. 钟秉枢，等译. 北京：北京体育大学出版社，2007.

直坚持那些长期目标？不仅在训练时，而且在比赛白热化时；不仅在获胜时，而且在失败时；不仅在领导支持时，而且在领导给予压力要求获胜时，都能持之以恒、不偏不倚地实践自己的执教目标，从而赢得从业的荣誉和尊重。

三、执教目标的自我评价

执教目标会决定教练员以何种方式看待自己的教练角色，进而会影响教练的许多行为。完成下列问卷（表 2–3），有助于教练员在比赛获胜、帮助运动员成长等目标中作出自我评价。

▶ 表 2–3 执教目标问卷表

你的执教目标		
最好的教练员是那些……		
a. 对运动员提供帮助，并对运动员的成长感兴趣的人		
b. 传授运动员获胜所需技能的人		
如果有一篇道要写我，我希望这样写……		
a. 是一位对运动员成长作出贡献的教练员		
b. 是一位胜利的教练员		
作为一名教练员，我强调……		
a. 传授运动员未来生活中可以使用的技能		
b. 获胜		
总分		
	成长	获胜

自测步骤：

（1）阅读每条表述及其后的两种选择。

（2）确定两种选择中你认为哪个更重要，在该选项旁边的白框内填写数字 2。

（3）确定哪一选项对你不重要，在相应的白框内填写 1。

（4）每一栏分数相加，结果填于总分框中。

（5）在某些情况下，你可能认为所有两种选项都是重要的，但请标明两者中哪一个更为重要，哪一个更不重要。力求尽可能诚实地回答每一问题。

问卷中，每项总分应该在 3~6 之间。哪项总分越高，表明越强调哪项。

思考题

1. 你认为执教理念对你的工作重要吗？为什么？

2. 你对不同的执教理念是如何认识的？

3. 你是否已形成了自己的执教理念？

4. 目标对执教具有哪些功能和作用？

5. 你认为比赛获胜和帮助运动员成长在执教目标中分别位于何种重要程度？

6. 你想如何将运动员成长的长期目标和比赛获胜的具体目标相结合？

第三章

选择执教风格，形成领导能力

▶ 本章导读

教练员的领导行为随执教风格不同而不同，随运动员变化、情境变化而变换。在这一章中，你将从认识不同执教风格开始，了解教练员领导行为的特点，学会在不同情境的执教中提升领导能力。

▶ 学习目标

1. 从领导力的体现和领导行为的特点两方面掌握不同执教风格、领导行为对执教的影响。

2. 领悟袁伟民“教学关系三部曲”背后的精髓。

第一节 教练员的执教风格

风格是一个人气质、面貌的集中体现，也是供他人辨识的独特标签。执教风格，指的是教练员面对执教对象时，如何处理执教关系并以何种方式实现执教目标所呈现出的特点。

表 3-1 展示的是常见的三种教练员执教风格。从表中可见，不同类型执教风格的教练员在理念、目标、决策、教练员和运动员的关系、沟通方式、成败评价、运动员的发展、教练员的鼓励作用、训练组织等方面的处理是不同的。执教风格就像握着一块湿肥皂，如果抓得太紧，它会从你手中挤出（暴风骤雨型）；如果抓得不够紧，它就会滑脱（和风细雨型）；抓好它需要的是稳固而柔和的压力（春风化雨型）。

▶ **表 3-1 教练员的执教风格**

	执教风格		
类型	暴风骤雨型（命令式）	春风化雨型（引导式）	和风细雨型（放任式）
理念	以取胜为中心	以运动员为中心	一切都无所谓
目标	完成任务	提高运动员社交本领并完成任务	无既定目标，让运动员独立行事
决策	一切决定由教练员作决定	在教练员指导下和运动员参与下作决定	由运动员作决定
教练员和运动员关系	从属于教练员	独立于教练员	不明确
沟通方式	决定指示	询问、听意见、做指示	只听不说
评价成败	由教练员评价	在教练员帮助下由运动员自我评价	不明确
运动员的发展	教练员对运动员不太信任或不信任	教练员对运动员表示信任	不明确
教练员的鼓励作用	非本质的鼓励	本质和实实在在的鼓励	不予鼓励
训练组织	呆板的	灵活的	没有组织

一、暴风骤雨型（命令式）

在暴风骤雨型（命令式）风格的执教中，教练员以取胜为中心，以完成任务为目标，自己做出所有的决策、指示、评价。运动员的角色是对教练员的命令做出反应，从属于教练员。运动员的成绩归功于教练员，而不是运动员。沟通方式是做指示，富有挑衅性，经常附带威胁性身体语言，命令运动员做事情。他们只顾自己说，几乎不听他人说，常常打断他人的话、冲他人大吼以及攻击他人，形同“暴风骤雨”。

采用暴风骤雨型（命令式）风格执教的教练员在我国教练队伍中大量存在。有些教练员采用这种风格，是因为在他们曾经当运动员时，自己的教练采用的就是这种模式。

有些教练员采用这种风格，是因为它帮助教练员掩盖了自身能力的不足。只要教练员不允许运动员提问，他们就不需要解释自己为什么用这种方法执教，那么他们的不足就不会被运动员发现。

有些教练员采用这种风格，是因为他们认为：教练员有知识有经验，教练员的角色就是告诉运动员做什么；运动员的角色是去听，去吸收，去服从。

以前我很怕教练，小的时候一见到他就发怵，他经常动不动就踢我们。有次我来例假了，正好赶上比赛期，其实不怨我，有时一紧张，例假就提前来了。来例假的事很害怕告诉教练，但觉得来例假了不能训练，然后还是告诉了教练。教练就踢了我一脚，说道，“谁让你来例假的”，他就这样不讲理。

——引自对一位世界冠军的访谈

作为一名好教练，最重要的就是要去挖掘运动员的潜力，而我也在一步步成长中认识和见证这个事实。执教到现在已经有二十几个年头了，我培养了自己的“慢”性子，对于运动员的成长，不急于求成，不拔苗助长；重视基础，注重伤病防治；不过分强求结果，只是扎实做好每一步，踏实完成每一天的计划。二十多年来，我也一直是这样做的。有时队员练不好，我也会发火，也会严厉地批评他们，但绝不会用伤自尊心的言语伤害他们。在自己冷静下来后，我会主动找队员谈心，进一步沟通，推心置腹地跟他们讲道理，队员在理解教练员的良苦用心后，训练也会更加努力。特别是那些条件不太好的队员，我更是在各方面关心他们，对有些条件不好只能退役的队员，我都尽我所能地去帮助他们，或让他们上大学，或安置好退役后的工作。我从未让我教过的队员经历我曾经所受到过的心理伤害。

——引自对一位冠军教练的访谈

事实上，好的运动队需要强有力的组织管理，自由参与不可能高效运转，运动队不可能投票决定需要制定的每个决策。因此，只要获胜是教练员的主要目标，是运动员的主要动机，那么，命令式家长型风格会很有效。但随着运动员的成长，运动员越来越多地要求参与决策，要求与教练员共同讨论问题，不再只是单纯地比赛，而需要享受体育。命令式家长型风格的执教可能压制运动员的动机，阻碍运动员的成长，降低与运动员发展有关的自我满足，难以使运动员产生最佳表现，最终将疏远极富天赋的运动员。

二、春风化雨型（引导式）

选择春风化雨型（引导式）风格的教练员，以运动员为中心，以提高运动员社交本领并完成任务为目标，包括通过体育运动帮助运动员在身体、心理和社会方面的成长，帮助运动员学习决策，帮助运动员变得独立。他们善于倾听，设法理解他人的想法，提倡双向沟通；他们在运动员参与下作决定，与运动员共同决策，对运动员进行实实在在的鼓励；他们提供框架与规范，帮助运动员学习设定自己的目标，并为这些目标而努力奋斗。运动员则独立于教练员，在教练员的帮助下对训练比赛成效进行自我评价。

我国著名教练员袁伟民就被人们誉为春风化雨型（引导式）教练员的典范。他说："一个聪明的教练员应该多从运动员身上吸取养料。这一点我想得通。我带队，在管理上更多强调'集中'，但在技术上，我主张必须民主，畅所欲言，允许有保留看法。我们经常组织队员对训练计划和技术问题进行讨论。在用人的问题上，总是尽量广泛征求意见。还请老队员当'小教练'讲技术课，做示范，带课训练新队员。"①

众所周知，作为一名运动员只具备运动技能是远远不够的，要取得优异运动成绩，还必须能够处理压力，迅速适应变化的情境，以长远发展看待比赛，遵守纪律、保持专注，具有牺牲精神、奉献精神。而春风化雨型（引导式）教练，信任运动员，增强了与运动员的沟通和激励，对运动员自我意识的形成、自我满足的实现具有积极效应。在日常训练中无形地培养了运动员良好的品质。

春风化雨型（引导式）风格的挑战在于，在指导运动员和让运动员自己指导自己之间，如何取得恰当的平衡？在什么时候发出命令和给予指导？又在什么时候让运动员自己作决策和承担责任？以及在什么规范下才能

① 袁伟民. 我的执教之道［M］. 北京：人民体育出版社，1988.

为运动员创造最佳的发展氛围？由于选择很少会绝对正确或错误，因此这种风格要求教练员具有更多的技巧。

德国著名足球教练员奥特马尔·希茨菲尔德统率拜仁慕尼黑队和多特蒙德队，多次赢得国内联赛冠军，德国杯、欧洲冠军联赛冠军，欧洲冠军杯。从他获得成功背后的黄金教练法则，可以加深理解春风化雨型（引导式）执教风格。

希茨菲尔德的黄金教练法则

1. 表达尊重

我培养队员学会表达尊重，要尊重自己的队友，也要尊重为球队开车的司机。这包括一些细小之处，比如在谈话时要看着对方的眼睛。尊重是产生集体精神的基础，而一个团队只有所有人齐心协力才能取得成功。

2. 信任你的队员

如果球员感受不到教练的信任，他就会犯错误。在多特蒙德队时我坚持信任里德尔，他在对尤文图斯的冠军杯决赛中以两粒进球回报了我。本赛季在库福尔犯错误后我仍坚持使用他，结果他在最后冲刺阶段成为后防的保障。

3. 注重性格

我不能从随大流的人中造就球队的领军人物。我只能把天生的禀赋朝着正确的方向引导。一个球员是否有性格，是否有一种胜利者的气质，我在球场上一眼就能够看出。做轻蔑手势、个性张扬的球员在我这里不会失去任何东西。

4. 保持距离

即使在取得这么多成功之后我仍然不和任何球员用“你”相互称呼。在庆祝胜利时我也从不喝得太多。否则，你很快就会说一些不合适的话。我是他们的上级。对此，我必须一直保持清醒的认识。

5. 从错误中学习

人们必须从每一个消极的经历中吸取积极的东西。我们从1999年对曼联队的失败中学会必须战斗到最后一刻。正因如此，我们才赢得了2000年和2001年的联赛冠军。

6. 保护你的球星

卡恩、埃芬博格和埃尔博是我的“领导球员”。由于他们表现出色，球队接受了他们的这种角色。而我也会从外部强化他们的这种作用。比如，我称埃芬博格是世界上最好的中场球员之一。

7. 绝不要说谎

作为教练，你如果丧失了可信性，那么也就完了。你必须让球员相信你能够说话算数。

8. 相信你的感觉

在比赛之前我完全靠理性工作，演练各种可能的阵型和攻防体系，准备在各种不同比赛情况下的人员调整。但在比赛时我相信我临场的感觉，我的直觉，我把齐格勒和圣克鲁兹换上场时都是这样。

9. 决不能表现出软弱

我必须总是表现出果敢和坚决。无论我当时的心情有多么紧张，我都必须如此。当我的球队在汉堡 0∶1 落后的时候，如果我不能给予他们坚定的支持和信念，谁又能够呢?

10. 智胜压力

要是脑袋里总是想着 800 万拜仁球迷的期待，你根本无法安心工作。因此我把自己的工作客观化，把它看成是经济界中的一项工作：我只需要完成自己的任务，其他事情与我无关。如果压力太大，我的直觉可能就不灵了。

11. 避免球员相互妒忌

如果用上亿马克的天价购买一名球员，那将完全打破拜仁队现有的工资结构，队员之间的妒忌将耗尽团队精神。

12. 挑选一名优秀的助理教练

助理教练必须能够让你百分之百的信任。他不能太有野心，时刻想着把你取而代之。米夏埃尔·亨克是一个理想的人选。

13. 不要和妻子谈论足球

在家中我要让脑子“开小差”。我不和妻子谈论足球，除足球之外，我们还有许多可谈论的话题。

三、和风细雨型（放任式）

采用和风细雨型（放任式）风格的教练员，对一切都无所谓，他们通常尽可能少地制定决策，而且很少提供指导，只在绝对必要时才解决训练问题。与人沟通时，很少表达自己的观点，倾向于发表同意的意见。他们遇事不果断，说话软弱无力，常会使用一些“诸如也许、可能、但愿”之类的词，缺乏判断和决定。采用这种风格的教练员往往缺乏提供指导的能力；或是过于懒惰，不能满足执教责任的要求；又或是没有树立正确的执教理念。

采用这种风格执教的教练，不具备真正的执教能力，实际上无疑是丢弃了作为一名教练员的职责。

第二节　教练员的领导力与领导行为

说到领导，每个人，尤其是身处于中国社会的个体，对于这两个字的领会可以说是根深蒂固。我们每天都处于领导与被领导之中。但是，与我们脑海中的固有概念不同，教练员在执教过程中，领导行为可不仅是吆喝，不仅是授权，不仅是管理，要真正理解一流教练员是如何开展有效的领导活动，需要弄清楚领导力和领导行为的含义。

一、领导力的体现

执教是面对面的领导。传统的观念认为，领导是上级组织赋予领导者一定的职位与权利，领导者通过运用这些法定权利，带领下属完成组织的任务，实现组织的目标，其核心是强调领导者的权利因素。但现代管理理论，特别是组织行为学理论赋予领导一种全新的概念，即认为领导是激励、引导和影响个人或组织在一定条件下，实现组织目标的行动过程。这一过程强调责任和激励。在和谐社会里，领导力不是指地位，不是指权力，也不是领导者个人的专利，而是存在于领导者和被领导者之间一种积极互动的影响力。领导力在更大程度上要面向未来。卓越的领导人决定组织的高效运营；指引方向、鼓舞人心；重振希望、摆脱危机。

《道德经》是这样定义领导的："太上，不知有之；其次，亲而誉之；其次，畏之；其次，侮之。信不足焉，有不信焉。悠兮，其贵言。功成事遂，百姓皆谓'我自然'。"翻译过来就是：最好的统治者，人民并不知道他的存在；其次的统治者，人民亲近他并且称赞他；再次的统治者，人民畏惧他；更次的统治者，人民轻蔑他。统治者的诚信不足，人民才不相信他，最好的统治者是多么悠闲。他很少发号施令，事情办成功了，老百姓说"我们自己做到的"。也就是说，最好的领导者是能让每一个团队成员都能完全发挥自己的潜力。定义"领导"的另一个词是"影响力"，影响力又来自权力和魅力。

根据社会心理学家法兰西（John French）和雷温（Bertram Raven）等人1959年的研究，领导权力有五种来源：法定性权力、奖赏性权力、惩罚性权力、感召性权力、专长性权力，如图 3–1 所示。

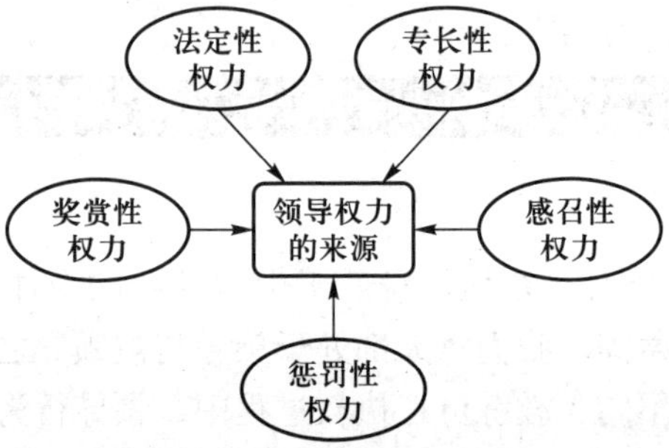

图 3–1 领导权力来源

法定性权力是指一个人在正式层级组织中由于占据某一职位相应得到的一种权力，由个人在组织中的职位决定，这种权力具有命令权和指挥权。一旦有了正式任命，你就具有了法定性权力。法定性权力会影响人们对于职位权力的接收和认可，没有这一法定作为基础，往往就会名不正、言不顺。

奖赏性权力是一种通过报酬、晋升、工作表彰、提供满意的工作环境、安排他人做更感兴趣的工作等奖励方式对他人施加的一种权力，是个人控制着对方所重视的资源而对其施加影响的能力。领导可以通过奖励的方式来吸引下属，让下属重视自己，从而愿意服从领导者的指挥。

惩罚性权力是通过恐吓、威胁等生理上或安全上的压力控制手段对他人施加的一种权力，如肉体上的制裁、精神上的磨难等，是通过强制性的处罚或剥夺而影响他人的能力。也就是说，作为下属如果不服从领导，领导就可以惩罚、处分、批评下属。因为你是领导，你是教练，你就有这个权力，这种权力也叫强制性权力。

感召性权力是指一个人所拥有的独特智谋或个人品质对他人产生的独特影响力，由于领导者拥有的个性、品德、作风，人们自愿追随和服从，领导者能够使他人产生倾慕和认同心理。拥有这种权力的人往往被称为具有领袖魅力的人，他们的一举一动都可能会对他人产生很大的影响，特别是对其上级、同事及下级的工作会产生直接影响。

专长性权力又可称为知识的权力，是指通过个人专长、特殊技能或知识获取的一种影响力，是人在某一领域所特有的专长而影响他人的能力。随着知识经济的到来，专长性越来越成为组织中的一种有效权力。当组织中的工作变得更加专门化、知识化、复杂化后，管理部门越来越需要更多职能专家来实现其组织目标。

从领导权力的来源可以看到，从被任命起，教练员就具有了发出指令和指挥的权利，有了奖赏和惩罚运动员的权利，但这并不能使教练员成为好的领导者。因为当教练员使用法定性、奖赏性以及惩罚性权力时，它带给运动员的是一些短期性的变化。运动员可能会因为教练员对他进行的奖赏或威胁，而尽力克服困难去完成训练和比赛任务，但这样的力量是短暂的。一位优秀的教练员，好的领导者，其领导力应是感召性和专长性的影响力。只有当运动员和团队其他成员认可你时，你才能成为团队真正的领导者；只有赢得团队的尊重，才能拥有达到优秀教练员所需的权力。这就是具有榜样性和专长性的领导的力量，这是一种长期性的变化。一旦运动员开始信任教练员，就愿意服从领导，这样的认可意味着产生了某种长期的内在的变化，其效果也将更加深远。

要想赢得运动员的尊重、信任、拥护，需要教练员展示自身的人格魅力、道德素养、智力能力、业务专长和领导艺术等。教练员通过智慧、乐观、进取、正直、公平、宽容、爱心等个人魅力来施加影响，通过明确的投入、无私的奉献来赢得信誉，从而对运动员产生一种吸引、凝聚的力量，营造出充满活力的氛围，以此来激励运动员潜能的发挥，创造优异运动成绩。

现代领导行为的一个突出特点，就是领导作用的发挥正在由刚性转向柔性，由显性转向隐性。柔性化、隐性化领导力的实施需要教练员提供方向、建立团队文化、灌输价值观、激励对目标的追求、解决冲突、善于沟通。只有这样，团队才能有共同的愿景，齐心协力，朝向一方，共同奔向目标。通过这条途径实施的隐性领导是一种“不知有之”的领导，优秀的教练员即领导者在其领导行为中，可以为团队带来明确的愿景，并顺利将这种愿景转化为现实。教练员因为其领导角色建立了一种环境，使身在其中的每一位运动员都有获得成功的最大机会，进而实现团队的成功。在执教生涯中，教练员要不断增强自己的领导力，把自己打造成为一个卓越的领导者。卓越的领导者一直专注于人的成长，发展自己，发展他人。

领导力是一个自我造就的过程。首先，一个人最重要的是先成为自己的领导者。卓越的领导者要有良好的定力，懂得确信的力量，要训练思辨的能力，要培育想象力（来源于观察、交流和行动），要懂得生活的意义，要拥有从多个视角去看待世界的能力。

卓越的领导者要有指向未来的能力。懂得智慧形成的路径，用知识武装自己。

二、领导行为的特点

教练员通过自己的活动对运动员施加影响、实现某种目标的过程中所表现出来的各种行为，称为领导行为[①]。教练员的有效领导有助于提高运动员和运动队的成就动机状态，因为在运动训练过程中，运动员依赖教练员的专门知识和技术，努力训练，并适时得到来自教练的鼓励、赞美和恰当的支持，从而实现其个人目标，满足内在的成就动机。

高景平2006年对广东省船艇训练基地赛艇队、皮划艇队、激流回旋队、帆船队及帆板队5个队的220名运动员进行了研究，揭示了不同年龄阶段、不同训练年限、不同运动成绩运动员对教练员领导行为的偏好，以及不同年龄、不同执教年限教练员对领导行为的偏爱。

教练员领导行为研究

不同年龄和不同训练年限的运动员所感觉到的和所喜爱的教练员领导行为不同。年龄越大的运动员更多地感觉到教练员的民主行为、社会支持行为以及奖赏行为，随着年龄增加运动员越来越不喜欢教练员采取专制行为。随着训练年限的增加，运动员较少感觉到训练与指导行为、民主行为以及社会支持。

不同年龄和不同执教年限的教练员所采取的领导行为不同。年龄较大的教练员采取专制行为相对较少，而给予运动员的积极性反馈较多。执教年限越长的教练员，给予运动员的社会支持行为越多，给予运动员的民主行为和积极性反馈行为也相对较多。执教时间短的教练员采取专制行为相对较多。

不同成绩组间运动员对教练员民主行为、社会支持行为以及积极性反馈行为的满足感差异显著。运动员成绩越好，其对教练员民主行为、社会支持行为以及积极性反馈行为的满意程度越高。

从上述分析可以看到，教练员、运动员、运动成绩（环境）的变化，使得教练员的领导行为也应随之变化。运动员的能力表现（活动绩效）和心理上的满足感（满意程度）与教练员的三种领导行为特征有很大关系：一是情境要求教练员必须做的领导行为，二是运动员偏爱的领导行为，三是教练员实际的领导行为（图3-2）。

---

① 张力为，任未多. 体育运动心理学研究进展［M］. 北京：高等教育出版社，2000.

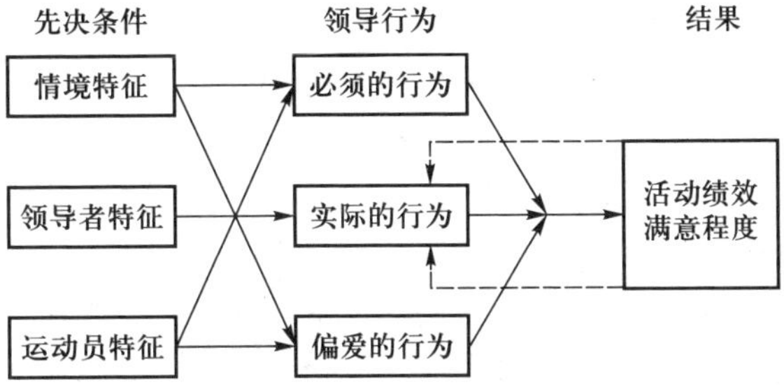

图 3-2　多维领导模式（依 Chelladurai，1993）

影响教练员领导行为的先决条件有：情境特征（包括所处环境的特点、运动队的目标、运动队的成绩、组织结构、项目特点、社会规范、文化价值等），领导者特征（包括领导者的个性、能力和经验等）和运动员的特征（包括成就需要、认知结构和活动能力等）。当教练员的实际行为和情境所要求的行为相符合，同时又是运动员所偏爱的行为时，团队成绩就会越好，运动员满意度会越高。

第三节　执教中的情境领导

一名优秀的教练员，往往不仅知道得心应手地运用“春风化雨”（通过引导实现执教效果），也知道何时对执教对象适当地来一些“暴风骤雨”（下达命令实现家长化的管理）和“和风细雨”（恰到好处的放任和随意），这一切取决于面对何种情境，这就是执教中的情境领导所要表达的重点。

案例——孙杨与教练朱志根、方岩换人、解雇乔丹

在训练和比赛实践中，不同类型执教风格的教练都有取得成功的案例。然而，要做好教练工作，教练员采用的执教风格应与运动员的成长阶段相一致，教练员的领导行为应随着运动员的变化和情境的变化而变化。

一、袁伟民教学关系三部曲

著名的排球队教练袁伟民在他的《我的执教之道》一书中形象生动地描述了教练领导行为随运动员的变化而变化。

袁伟民教学关系三部曲[1]

教学关系的第一阶段：刚开始带这支女排队伍时，我们觉得自己是教练，似乎又是个保姆。运动员年轻、活泼，求知欲旺，上进心强，但又幼稚、单纯，分析能力差，除了打球外，别的事懂得甚少。我们要教技术，带作风，管生活，还要教他们怎么做人。这个时候，教与学之间的关系，依赖性比较大，我们说得多，她们听得多。我们怎么教，她们就怎么做。我们的关系有点类似中小学的师生关系。这个时期，关系倒也好相处，能要求得下去。一开始搞严了，所以，后来也能严得下去。

教学关系的第二阶段：随着运动员渐渐长大，有了一定的本事，技术掌握了，思想得到了锤炼，各方面都得到进步，基本上已能管住自己。由于成绩的取得，使教与学之间增加了信赖感，友谊加深，平等色彩增浓。这时候的教学关系，就如同大学里的师生关系，处理好这一阶段的关系不容易，因为运动员似好管又不好管。如果这一阶段关系处理好，下一阶段就好带了。

教学关系的第三阶段：随着运动员的技术、思想日趋成熟，并取得了显著成绩。她们在胜负的考验中，积累了经验，形成了独立思考能力，拥有独立的见解。这时候，教练员带她们训练，可以更多地采取“点一点”，加强辅导的办法，重视教学相长，发扬民主，帮助老运动员把自己在实践中积累的经验运用到再提高上来。这时的教学关系，仿佛教授带研究生的关系。

当运动员进入成熟期后，教练员应该当一个高级指导。像教授带研究生那样，采取以辅导为主的教学方法。要尽量发挥运动员的主观能动性。培养她们的独立作战能力，而这种能力，正是创造好成绩，所必不可少的。多听取队员的意见，帮助她们总结实践中的体会，研究她们的见解，鼓励她们自己拿出作战方案，采纳她们的建议。

袁伟民教学关系“三部曲”来自他的实践体会，但这种体会背后却蕴含着深刻的管理学理论基础。

案例——教练陈忠和以及中国跆拳道队

二、情境领导理论

图 3-3 所示为管理学中的情境领导理论。图 3-3 的上部为领导者的行

① 袁伟民．我的执教之道［M］．北京：人民体育出版社，1988.

为，其中纵坐标为领导者的支持性行为，横坐标为管理者的指导性行为。图3–3的下部为被领导者的行为。从图中可见，如果将被领导者——运动员的成长过程分为从发展前到发达后分为 R_1、R_2、R_3、R_4 四个阶段，则领导者——教练相对应的管理方式区域为 S_1、S_2、S_3、S_4。对初进队的队员，教练应该是给予高指导、低支持，提供明确的说明和密切的监督，让他干啥就干啥；对在运动队训练一段时间，初步走向成熟的运动员，应该是高指导、高支持，在指导运动员按照教练要求去做的同时，支持运动员动脑筋提出自己的意见和建议，即解释教练的决策并给予对方要求陈述的机会；对开始取得优异运动成绩的队员，应该是低指导、高支持，多让运动员发挥自己的主观能动性，让运动员分享教练的思想并协助决策；对已经成熟的队员则应是低指导、低支持，让运动员懂得尊重教练，遵守相关规定和要求，完成自己的职责和使命。

▶ 案例——管理学发展阶段

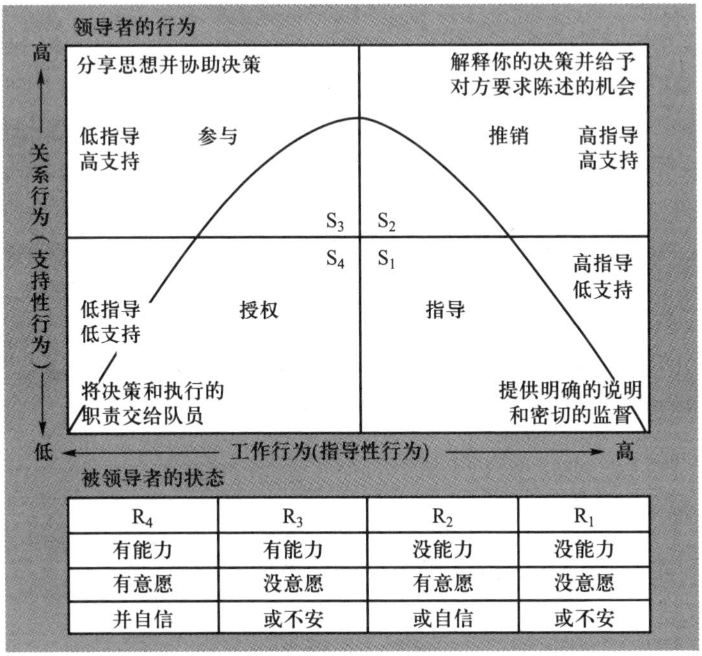

图 3–3 领导方式和下属成熟之间的关系

情境领导理论有力地支持了袁伟民的教学关系“三部曲”。“三部曲”形象诠释了情境领导理论对领导者行为变化的要求。尊崇情境变化，改变领导行为，教练员、运动员关系就能和好得到处理；反之，不顾情境变化，一味强调教练员的权威不可动摇，教练员、运动员的关系就可能出现障碍。下面是一位花样滑冰全国冠军的自述，可以从中清楚地看到这种关系障碍所带来的严重不良后果。

案例

一位花样滑冰运动员的自述

我小的时候是一个比较听话的队员，教练要求我怎么做我就怎么做，没有任何的怨言。因为我知道教练是为了我好，可是长大以后教练对我的要求和思想方面的教育，对我说话的语气仍然没有改变。我的教练的想法就是他是教练，他要求我怎么做我就得怎么做，不能有任何的怨言，不能提出任何的疑问，他的话永远都是对的。

长大了以后，我对教练的说话态度觉得很不舒服，而且对他的训练安排提出了建议。可是他不但没有考虑我的想法，反而罚了我。

就这样，我的逆反心理越来越强烈。慢慢的我开始训练不认真，出去玩。教练越不让我干什么我就越干什么。

我的成绩本来可以更好的，就是教练把我的信心弄没了，自己对自己没有了要求，对训练没有了希望，最后没有取得自己想得到的成绩。

由上述案例可见，教练不仅是竞技场上的严师，而且应该根据运动员不同的发展阶段处理好与运动员的关系，成为运动员的良师益友。那种普遍适用、一成不变、最佳的领导方式或行为是不存在的。同一领导方式或行为适用各种情况的普遍适应观点，必须让位于随机制宜，权宜应变，根据情况运用不同的领导方式或行为的权变观点[①]。

思考题

1. 不同类型执教风格的教练在执教中有何特点？
2. 教练的领导权力主要有几种来源？
3. 教练怎样才能成为真正的团队领导者？
4. 作为教练，你是如何根据运动员的成长采取不同的领导方式的？

---

① 晓堂，李鹏. 伐谋：成功企业家的用权之道［M］. 北京：中国经济出版社，2005.

第四章

了解队员差异，善于沟通激励

本章导读

每个人都是不寻常的，每个人都是独立的个体。在这一章中，你将了解个体的不寻常之处，弄清环境和运动训练对人施加的影响，认识不同年龄阶段儿童青少年运动员的身心特点，懂得如何加强人际沟通和如何有效激励。

学习目标

1. 了解运动员的不同特点和不同年龄阶段儿童青少年运动员的身心特征。

2. 学会进行有效沟通与激励，使运动员梦想成真。

第一节 关注个体差异

运动训练是个别化鲜明的过程。要开展有效的执教，需要了解每个运动员的独特性和运动员之间的个体差异，需要满足执教差异极大和有特殊需要的运动员。运动员个体的特殊性表现在身体、心理、社会、文化等方面。

一、每个人都是不寻常的

每个人都是不同寻常的——宇航员、邓亚萍、刘翔的例子

人类行为都有自己的原因、动机和目标，人的生理构造大致相同，这反映的是人的共性。然而，人与人之间的差异才是最醒目的且引发人们关注的，也是教练应该关注的。人的差异体现在：人对不同的刺激有不同的反应；人的动机的类型不同、程度不同；人以不同的行为方式追求不同的目标；不同的人，同一时刻，会有不同需求；同一个人，不同时刻，需求可能变化；同一个人，同一时刻，可能有多个需求；每个人的形态、生理功能更是不尽相同；等等。

（一）输赢的疑问

在下面两个例子中，运动员处在同样的环境中，可他们的表现却大相径庭。

2002 年，初出茅庐的撑竿跳选手吴莎、陶琼，首次参加在德阳的室外比赛，就遭到不利的风向。由于得到锻炼，心理上有所准备，吴莎和陶琼对外界环境变化的反应较为“迟钝”，这两个本次比赛年龄最小的选手，以较好的成绩分别获得了全国青年锦标赛第一和第三。

——安徽田径教练　王万培

第 35 届世界乒乓球锦标赛在朝鲜举行，比赛中观众干扰很大。面对干扰，张德英对观众怒目而视，最后以输球告终。当童玲对东道主朝鲜队的朴英顺时，在一片为朴英顺助威呐喊声中，童玲没有胆怯，她把困难和压力变为自己的动力，始终对观众报以微笑，在 0∶2 落后的情况下，丝毫没有动摇自己必胜的信心和顽强拼搏的斗志，沉着冷静，越打越勇，最后连扳三局反败为胜。

——国家乒乓球女队原主教练　张燮林

为什么相同的环境下运动员的表现各不相同呢？为什么吴莎和陶琼干得非常出色，而其他省的队员那么吃力呢？为什么童玲那么冷静，而张德英那么慌乱呢？

（二）各不相同的“过滤器”

你是否想探寻这些问题的答案？其实，答案就在于，人们面对同一种外界刺激的反应却大不相同。因为每个人眼中的世界是不一样的。对于同样的刺激，有的人非常敏感，有的人却视而不见。

在上面的田径比赛案例中，运动员使用的场地器材是一样的，组织人员、裁判人员也相同，所有运动员在比赛中都面临相同的情形——不利的风向。吴莎、陶琼这两位比赛中年龄最小的队员的神经“过滤器”过滤掉了不利风向的影响，诚如他们教练所言“反应迟钝”，并取得了第一和第三的好成绩。其他一些参赛队员却正好相反，她们的神经“过滤器”无法阻挡不利风向带来的且不断加剧的恐惧，无法正常发挥，一些队员甚至放弃了比赛。

对比上述案例中运动员的不同反应可以发现，每个人对周围世界作出反应都有自己的特殊方式，这种特殊方式就源于人们有着自己独特的“过滤器”。

“过滤器”决定了贯穿始终的思维、感觉和行为方式，是贯穿始终且能产生效益的思维、感觉和行为模式。这个“过滤器”告诉人哪些刺激应该注意，哪些可以不注意；告诉人什么应该爱，什么应该恨。这个“过滤器”决定人的内在动机：喜追求成功还是害怕失败，使自己宽厚博爱还是以自我为中心；决定人的思维方式：严谨还是放任，实用还是战略；决定人的态度：是乐观还是玩世，是冷静还是急躁，是体谅还是冷漠。它决定了个人所有不同于他人的思维、感觉和行为方式。可以说它就是人的“个性”，甚至是超越个性意义的标签，即把个人从千万人之中标识出来的特质。

现代科学研究表明，人的大脑每秒钟要处理四千亿位（bit）的信息，但是我们只能意识到其中两千位的信息，即两千万分之一。[①] 因而，每个人的“过滤器”都不同，它把外界信号一一过滤，编织了一个只有自己才能看到的世界。你和坐在你旁边的人之所以对同一件事的反应千差万别，根本原因就是你们的“过滤器”不同，使得你们选择性地去看东西，看见的是你想看见的东西，其他的东西大脑会自动排除掉。

好莱坞电影《黑客帝国》中构造了一个由幻觉产生的“母体”虚拟世界，如果你以为这只是科幻电影为了吸引观众而刻意创造的艺术把戏的话，

---

① 张德芬．遇见未知的自己［M］．北京：华夏出版社，2008．

那么，你就错了。“世界不过是一种幻觉”，科学家在真实世界中用实验证实了这一判断。

2009 年 5 月德国之声报道，图宾根马克斯·普朗克生物控制学研究所新建了一座被称为“Cyberneum”的实验室，里面装有最先进的虚拟现实系统，主要用于研究人在没有视觉和听觉条件下的感知情况及其相互影响。通过研究，他们得出了一个惊人的结论：如果认为世界就如我们所感知的那样，这是一种幻觉。这样一种客观的感知是不存在的，因为人的所有感官时时刻刻传送给大脑的是自己加工过的信息，是已被分类、解释并受过去的经验所制约的信息。换言之，人不是根据真理行事的，而是根据自己相信的真理行事的。

成长的过滤器

由于每个人都受其独特的“过滤器”支配，对同样的情形，不同的人会产生不同的反应。上面乒乓球比赛的案例中，我国参赛选手都面临观众干扰的情形，张德英被观众激怒了，还表示愤怒，结果输球；童玲不急不躁，还以微笑面对，结果获胜。这就在于她们的“过滤器”对外界环境变化的反应不同。同样的外部情形，不同的应对措施，比赛结果就会大相径庭。

这种对世界的过滤并不是每星期发生一次，允许你有足够的时间坐下来，仔细掂量所有方案，然后从中选出最“合理”的。相反。这个“过滤器”终日运转，为你同步解读世界，它们比最实时的电视直播还要快，比最清晰的摄像机还要忠实。事实上，你在读这本书时，它就在工作；也许就在此时，你的眼神离开书页，开始思考别的事；也许你没开小差，而是快速地翻阅，以便在去训练前看完；也许你这时正在拿起笔把这段字划上标注或在页边写上批注……总之，你的“过滤器”无时无刻不在工作。在所有你可能去做、可能感觉和可能思考的事情中，你的“过滤器”不断告诉你应该去做、去感觉和去思考哪些事。至于如何选择，受个人的观念、信念、标准、价值观的影响，完全因人而异。所以，每个人每天环顾四周，看见的，其实是他想看见的东西，其他的东西大脑会自动排除掉。

（三）“球比网高”的启示

由上述分析可以看到，每个人都是不寻常的，每个人都应作为独立的个体来对待。在优秀的教练员眼中，每一名运动员都有其特质而且应得到关注。“球比网高”就是当年中国乒乓球队著名教练员张燮林挑选邓亚萍入队时作为独立的个体来对待的典型案例。

邓亚萍，身高不足 1.50 米。当中国乒乓球女队主教练张燮林希望邓亚

萍入队时，遭到了其他教练的反对，说她个子太矮，不适合入国家队。张燮林第二次提出让邓亚萍入队，大家还是不同意。第三次，张燮林又提出让邓入队，其他教练就问了："你是出于什么原因，总是要让邓亚萍入国家队？"张燮林说："你们认为邓亚萍最大的特点是什么？"众人答曰："敢打！不管面对什么样的对手她都敢出手打！"张问："为什么？"、众人议论纷纷。张说："就因为邓亚萍个子矮，所以在她看来，来球都比网高，所以她敢于起板。"

由此案例可以看到，真相只有一个，可是在不同人眼中，却会看出不同的情况。这是为什么呢？其实，道理很简单，因为每个人看待事物，都会用自己的经验、好恶和道德标准来进行评判，没有所谓绝对客观公正的立场，其结果就是——我们看到了真实的不同侧面，也许是钻石的璀璨，也许是钻石上的瑕疵。

二、环境对人成长的影响

人的成长极大依赖于身处的环境，每个人都曾经历过极度依赖环境的婴幼儿时期，再慢慢过渡到非极度依赖环境的成年阶段，但不变的是环境对塑造人性格的影响，人所具有的性格特质，甚至情绪变化，往往都是不同环境在人身上的投射，或是特定环境在人身上留下的烙印，理解了环境与人的成长之间的关系，我们就更易理解恐惧、焦虑、爱与善意是如何产生的。

（一）极度依赖的环境

"人之初，性本善。性相近，习相远。"意思是说，人生下来的时候都是善良的，只是在成长过程中，后天的学习环境不一样，性情也就有了好与坏的差别。由此可见，社会与自我需要是后天学来的或逐渐成长起来的，正因后天个体成长经历的不同形成了人的差异。

依赖性是人的一个特性，这个特性不完全属于个人，而更趋向于反映人与世界的关系。初生的婴儿依赖父母满足其需要，成长中的孩子依赖父母、师长和朋友，丈夫依赖妻子，运动员依赖教练员，等等。

如果婴儿一出生就能照顾自己，那成人的性格就会与现在大不相同。可是，任何婴儿要想长大成人，都必须经过一段几乎完全依赖于他人来满足其基本生理需要的时期。为了了解依赖性的作用，先看看下面一个故事。

瘫痪病人与他的哥哥

兄弟两人相依为命。一天，弟弟突然患了一种怪病，虽然头脑清醒、感官灵敏，能听、能看、能感觉，可以思考，却不能活动，全身瘫痪。

哥哥具有一种特异功能。只要把手放到弟弟肩上，弟弟的病就可以像正常人一样活动。一旦他把手拿开，弟弟就马上全身瘫痪。

哥哥是个善良的人，花费了大量的时间把手放在弟弟的肩上。由于哥哥的帮助，弟弟可以过近乎正常人的生活。

早晨醒来，弟弟躺在床上不能动弹，哥哥过来把手放在他肩上。弟弟起床、穿戴、梳洗、吃早餐、聊天、看报纸，像没患病前一样做每一件事。

这天用过早餐，哥哥告诉弟弟十点钟要去看牙，不得不在十点左右出去，中午才能回来。这对弟弟本没有什么，哥哥只出去两小时。

哥哥离开前，把手放在弟弟肩上，让弟弟找了一个舒适的位置坐下来。弟弟将一把椅子放到窗前，把脚放在褥榻上，打开收音机收听自己最喜欢的广播节目。打开窗户，让温暖的空气和阳光充满房间，让自己可以看见窗外的景色。弟弟把这两个小时安排好了。

大约半小时过去了，弟弟感觉良好，十分舒适。窗外的景色足以引起他的兴致，收音机的节目也很精彩。

十点半，广播节目变成了弟弟不喜欢的民乐。一只苍蝇从纱窗的破洞钻了进来，开始在弟弟鼻尖上嗡嗡乱飞。弟弟已学会忍受各种不适，这算不了什么。

十一点，椅子不平的地方使弟弟感到有点搔痒，这也还可以忍受。苍蝇仍在周围打转，民乐继续播放。

十一点半的时候，乌云遮住了天空，天气变冷，刮起了风。

差一刻十二点，下起了倾盆大雨，雨从开着的窗户飘进来，弟弟又湿又冷。如果不是全身瘫痪，他定会哆嗦起来。搔痒加剧，他感到需要小便。但是他安慰自己，再忍 15 分钟。

十二点到了，弟弟热切盼望听到哥哥的脚步声，可他失望了。

十二点一刻，哥哥还未出现。寒冷、潮湿、搔痒、小便、苍蝇、收音机的节目，这一切都使弟弟难以忍受。

十二点四十五分，弟弟已到达“爆炸”的边缘。

一点钟，哥哥仍未归，雨更大，弟弟感到更难受。

一点半的时候，弟弟听到了脚步声，哥哥走了进来，把手放到弟弟的肩上，并说道："很抱歉，路上交通拥挤，我回来晚了。"

请读者假设自己为瘫痪的弟弟，并考虑下列问题：

1. 此时此刻，你怎么看待你的哥哥？

2. 此时此刻，你会怎样对待你的哥哥？

对于第一个问题，回答可能是：我会感到愤怒；我会对哥哥的归来极为感激；我一方面感到愤怒，一方面又感到安慰与感激。

对于第二个问题，回答可能是：我会狠狠打他一拳；我会伸出两臂拥抱他。

每一种回答都是可以理解的。回答自己会感到愤怒的人，在感到愤怒的同时，可能也会产生感激之情。回答自己会得到安慰并对哥哥有感激之情的人，同时也会感到焦急与愤怒。

同样，就行动而言，回答"我会狠狠打他一拳"的人可能还希望再加上一句"事后我会感到非常后悔"。而回答"我会拥抱他"的人，也会说其拥抱中含有某种愤怒的情绪。

假定这类事件经常发生，弟弟是否会逐渐希望摆脱哥哥？是否会寻求方法控制哥哥？假定哥哥对弟弟漠不关心，这会不会强化弟弟的独立或控制欲望？

这一假设的情景是弟弟对哥哥极度依赖。极度依赖，作为一种手段，会激发出其他需要。

如果某种需要（如上例中弟弟想过正常人的生活）是个人无法满足的，而依赖（如上例中依靠哥哥）能够满足这种需要，那么人的感觉就很可能是积极的、友善的、充满情爱的、具有保护性的、感激的，而且他会随之产生强烈的社会需要。如果依赖不但不能满足这种需要，反而起到了阻碍作用，那么人就很可能产生愤怒和敌意的感情，而且会更急切地希望独立自主，就会产生强烈的自我需要。

比如，婴儿完全依赖父母来满足其生来俱有的生理需要，然而，父母可以极力满足或阻碍婴儿的依赖性。因此，每个婴儿就必然会发展出一些积极与消极情感交融的混合情感。

对于那些生存条件很差，从一开始就面临的是几乎无法令人满意、无法预知、无法控制的世界，婴儿很有可能早早就产生恐惧与敌意心理，他们会感到在这个世界上不安全，他们会热切希望独立，趋向于产生自我需要，迷恋于权力、奉承、占有等这些可以使其获得独立的机制；而对于那些生活条件很好，面对的是一个比较令人满意、较易预知、较易控制的世界，婴儿会感到在这个世界上是安全的，他们更倾向于发展出社会需要，包括依赖需要、隶属需要、相爱需要，自主与独立需要则次之。

（二）非极度依赖的环境

依赖关系极为重要，人们首先学到的就是这种关系。它会极大地影响到日后人们对待、处理非极度依赖关系的方式，比如运动队中运动员与教练员之间的关系。

当运动员离开家庭来到队里，他就闯入了非极度依赖关系之中，这时他不但具有生理需要和安全需要，而且也具有了社会需要和自我需要。如果运动队给予的是照顾与信任，他就会产生信任与隶属感；如果运动队给予的是不关心、不信任，他则很可能产生敌意与竞争。

在实际生活中常可以看到，当孩子或成人不能得到他想要的东西时，他就易怒，甚至攻击使他受阻的东西。婴幼儿会盲目地朝妈妈、爸爸乱打乱踢，青少年会动拳头，成年人则往往以语言相击。假定父母不能满足孩子的需要，孩子想打父母，他乱踢、乱咬、乱叫，此时父母用自己的权威反击，阻止孩子的攻击，这会教给孩子什么呢？他们很可能会使孩子感到必须压抑、控制自己的敌意。然而，对敌意的抑制并不等于敌意的消除，不允许孩子乱踢，他还是想乱踢。这种行为日复一日，长此以往，就会变成一种内在的、不外露的、“压制”的憎恨与愤怒，尽管有时还会以平静作为掩盖，却成为一座潜伏着危机的火山。

下面的诗反映的正是这种成长与环境的关系：

一个孩子在批评挑剔的环境下生长，他变得挑剔；
一个孩子在充满敌意的环境下生长，他学会了争论和反抗；
一个孩子在充满恐惧的环境下生长，他变得忧虑害怕；
一个孩子在充满怜悯的环境下生长，他变得自怨自艾；
一个孩子在充满嫉妒的环境下生长，他变得贪得无厌；
一个孩子在耻辱的环境下生长，他自觉有罪；
一个孩子在充满宽容的环境下生长，他学会了有耐心；
一个孩子在充满鼓励的环境下生长，他学会了爱心；
一个孩子在充满被接受环境下生长，他学会了爱惜这个世界；
一个孩子在充满被肯定的环境下生长，他学会了立志定向；
一个孩子在充满分享的环境下生长，他学会了慷慨；
一个孩子在充满公正诚实的环境下生长，他学会了正义真理；
一个孩子在充满安全感的环境下生长，他学会了信任他人；

一个孩子在充满友善的环境下生长，他学会了热爱人生；

一个孩子在充满安宁的环境下生长，他学会了平安。

我国著名篮球运动员王治郅讲述自己的体会：

王治郅，17 岁进入国家队，24—28 岁在美国 NBA 打球，29 岁回国效力。2007 年 2 月做客凤凰卫视《名人面对面》栏目，王治郅披露了成长环境对他的影响。

“每个人有每个人的不一样，到美国的时候也是这样，很多教练跟我说你要兴奋起来，你要喊你要叫，但从小我们受的教育，也就是中国式教育，不是让你把个性完全张扬出来的，所以说从小受这种环境影响吧。”

“像后来尤纳斯教练也说，他现在感觉是跟中国的文化在作战，因为中国的文化强调的就是含蓄、中庸，但在篮球场上你必须要张扬，你必须要把你的个性，把你的激情展示出来。比如说抢篮板，他就很奇怪，为什么中国的球员不去抢篮板，或者说没有那么强的积极性。我说，我们从小受的教育就是一个东西来了我们会让给别人，表示谦让。但是在球场上就不可能了，就这一个球你让人家，你让的话别人就会抢走，就会拿着。所以说有些东西很难改变。”

“我感觉我融入不进去，因为他们就是非常要有个性，要张扬及表现自我，但是我们从小受的教育就没有那么张扬。”

由王治郅的例子，可以直观地感受到环境对人的影响，可以感受到这种影响的长久性和持续性。正所谓，江山易改，本性难移。这点已被现代神经科学研究成果证实：一个人十几岁以后要改变性格是有限的，一个人的过滤器及其所生成的行为方式是持久而贯穿始终的。

现代生理学的研究也证实，如果一个人不断重复做某件事，与做此事相关的某些神经细胞之间就会建立起长期且固定的刺激。比方说，如果每天都生气，感到挫折，每天都很悲伤痛苦，每天都对自己的工作充满了抱怨，那么，每天都在重复地为那张神经网络连线和整合。久而久之，就会变成了一种固定的情绪模式。

当身体层面或是大脑皮质产生某种情绪或感受时，下丘脑会马上组装一种化学物质，叫做“胜肽”[①]。胜肽随着血液流到身体的每一个细胞，被细

---

① 胜肽，就是 peptide，译为肽或胜肽，属于降解的小分子胶原蛋白，含氨基酸基团，属于原料类产品。胜肽也是人体中原本就存在的成分，是一种氨基酸形成的链状结构。我们所熟悉的蛋白质，就是一种多胜肽链。

胞周边的上千个感受器所接收。日积月累，体内感受器对某种胜肽就产生了特定的胃口，会产生饥饿感。如果很久不产生那种固定的情绪，细胞会让你有生理需求，想要产生这种情绪，想要去发脾气。① 林妹妹为什么总是要小性子，跟宝哥哥闹别扭，现在你知道了，这其实是“胜肽”的作用。

三、运动训练对人成长的影响

为什么田径运动员总执拗固执，不到南墙不回头？为什么帆船运动员波澜不惊、处事不慌？为什么排球明星总不如篮球明星那般耀眼招摇？为什么体操运动员总是挑剔自己及他人，永远抱怨事情不够完美？从事特定运动项目就会成为具有特定个性的人。

（一）教练员行为的影响

如同环境对人的成长有着巨大的影响一样，教练员在运动训练过程中的行为也潜移默化地影响着运动员的成长。下面这段话形象地刻画了教练员对运动员的影响：

如果带有批评指责地训练运动员，运动员就学会指责；
如果带有敌意地训练运动员，运动员就学会钩心斗角；
如果带有嘲讽地训练运动员，运动员就学会憎恨；
如果带有羞辱地训练运动员，运动员就学会感到有罪；
如果带有宽容地训练运动员，运动员就学会耐心；
如果带有鼓励地训练运动员，运动员就学会自信；
如果带有称赞地训练运动员，运动员就学会感激；
如果公正地训练运动员，运动员就学会正义；
如果教练言行一致，运动员就学会信任；
如果教练尊重运动员，运动员就学会自尊。

那些取得了优异执教成绩的教练员，往往比常人更懂得如何灵活地运用沟通技巧，在最恰当的时间、用最恰当的教练方式影响及培养运动员。请看著名速滑教练李琰的传奇：

北京时间2010年2月18日，王濛在温哥华冬奥会短道速滑女子500米决赛中，成功卫冕。滑过终点后王濛的庆祝动作让世界为之震撼，她双膝

---

① 张德芬．遇见未知的自己［M］．北京：华夏出版社，2008．

跪地两次磕头，其中一次给中国短道速滑队主教练李琰，另一次则表达了对队友和中心领导的感谢。谢师礼背后是教练员对运动员影响的感人故事。

2007 年长春亚冬会，刚接手中国短道速滑队没多久的李琰率队征战，中国冰刀头号明星王濛赛后罕见地公开指责李琰，说自己不适合在李琰执教下训练。此时的李琰坚持自己的原则，不因为在队里没人敢惹王濛，就在训练中有任何迁就。冬季运动管理中心根据规定，将王濛开除出国家队。

开除绝对主力王濛的中国短道速滑队在 2007 年世界短道速滑锦标赛没有夺得一枚金牌，李琰的执教能力受到质疑。但李琰坚持认为自己的思路是正确的，“当时，我看到的不是王濛的优点，而都是王濛在技术的缺点，我想自己能给她带来什么，如何能让她提升实力，同时我要带出一支队伍，而不是一个王濛。”她依然按照自己的方式训练中国队。

当王濛重新归队后，李琰体现得非常大度，把队长之职交给她，让她感到大家是同在一条船上的人。李琰还当着全队的人对王濛说：“像你这样爆发力好的选手，不需要一直这么磨，什么时候你觉得训练强度够了，就可以不滑。”这让王濛心头一热，觉得特有面子，反而训练更加刻苦，自觉性明显增强。

李琰就是这样用对事不对人的做法，凭借先进的执教手段，让王濛彻底信服她，主动与李琰冰释前嫌，并在温哥华冬奥会夺得女子 500 米金牌之后，现场跪谢师恩。

从这个案例中，我们看到了一名优秀教练员对运动员的宽容、鼓励、尊重，看到了教练员的公正和言行一致，也看到了一名优秀教练员在执教过程中闪耀的智慧之光。

（二）运动项目特征的影响

不同的体育运动项目，由于规则不同，因而在比赛时间、比赛节奏、比赛场地、比赛方式、裁判办法等方面表现出不同的项目特征，这种特征必然对参赛者，尤其是长期从事系统训练和比赛的运动员会产生影响，在运动员的性格、处事方式上刻下不同的烙印。

1. 排球的宽容

排球规则规定，比赛中球不能落地，运动员不得持球、连击，每个人只能击球一次，三次就必须将球击过网；场上 6 名队员，每个队员都要进行位置轮转，既要到前排扣球与拦网，又要轮到后排防守与接应；除发球外，每项技术都是在集体配合中完成。没有严密的集体配合，再好的个人技术也难以发挥，更无法发挥战术的作用。排球比赛这种严密的集体性使得在比赛中，如果某个队员打得不好，打得再差，其他人也不能让他靠边站，反而要鼓励他，帮助他。因为一旦对方发现他是全队的弱点，就会将所有来球攻向他。如果大家相互埋怨，不体谅别人的失误或情绪，则只会自乱阵脚。因而，在排球场上听到最多的话就是“没关系，再来”“你打吧，我保护”。于是在参与排球活动的过程中，人们学会了体谅与宽容，理解与互让。两度率领法国戛纳女排登上欧洲排坛最高领奖台、欧洲冠军杯冠军的主教练方岩带队的口号是：“只有领头人，不准有球星”，就是这种宽容精神的体现，而这种宽容在其他集体球类项目中是难以见到的。对比篮球场上无数“超级明星”的星光熠熠，排球往往让人最先记住的都是集体和队伍的名字。

2. 田径的严谨

田径运动是比速度、高度、远度的运动项目，要求运动员在短时间内表现出最大的速度与力量或较长距离的忍耐能力。绝大部分项目要在转瞬之间完成动作，一年的训练成果需要在几秒、几十秒的时间里，在一次、两次、三次的跳跃与投掷中表现出来，因而良好的生活习惯、规范的技术动作、严格的操作程序、高度的精神集中对运动员比赛的成功至关重要。此外，田径项目所特有的计分方式，也让运动员必须对成绩浮动“0.1 米 / 秒”乃至“0.001 米 / 秒”都锱铢必较，因为这细微的差距往往就是胜败的差距。久而久之，受田径训练和比赛的熏陶，使得从事田径项目的人有了几近刻板的严谨，常被人戏称为“一条道跑到黑，不到南墙不回头”，而这样的严谨在球类项目中是难以见到的。

3. 帆船的平和

帆船运动中，运动员依靠自然风力作用于船帆，驾驶船只前进。通常风力持续达到 3 米 / 秒以上时才适于比赛，而风力超过 20 米 / 秒时，就要考虑水上安全而停止比赛。因此，风力是帆船运动进行的最主要的条件。水流与波浪都是海洋的自然特征，运动员如何利用涌浪的力量产生更大的前进力，如何在计划航线时考虑水流的影响也奥妙颇深。面对浩瀚的大海，帆船运动员所能做的，就是以平和的心态把握气象变化，尤其是顺应风的变化规律和水流的变化规律，而不是与风浪作斗争。久而久之，平和成了帆船运动员的性格特点。正如人们所说，海边的渔民心胸最宽阔。帆船运动往往也于无形中培养了运动员波澜不禁的胸怀。

4. 体操的完美

体操是运动员根据特定规则，在相对固定的条件下，完成动作难度、成套编排及动作质量并被给予评分的一项竞技性运动。独创性、惊险性、稳定性及优美性，在这个项目中得到了完美体现。比赛中，裁判员在竞赛规则的指导与制约下，以评分规则为依据，根据场上情况，凭主观感受对运动员的动作迅速地进行评分。运动员动作中的任何一点细微瑕疵都要被扣分，裁判员的主观评价使得体操运动员把不断追求技术性与艺术性的完美结合作为己任。在被裁判员、教练员“挑毛病”的环境中，追求完美成了体操运动员最鲜明的特征。他们中的大多数人都是完美主义者，在生活中往往也带着这种气质，希望尽善尽美。

5. 乒乓球的机敏

乒乓球运动是由两名或两对选手分别站在球台的两端，在球台中间隔放一个球网的球台上，你盯着我，我盯着你，用手中的球拍，把对方打过来并击中本方球台的球，还击到对方桌面。打乒乓球时，球在空中飞行的速度非常快，正手攻球只需 0.15 秒就可到达对方台面。在这样短暂的时间内，要求运动员对高速运动的来球方向、旋转、力量、落点等进行全面观察，揣摩对方战术意图，迅速作出判断，并及时采取对策，迅速移动步法，调整击球的位置与拍面角度，隐藏自己的战术应用，通过速度、旋转、力量、弧线和落点的变化进行有力的还击，将球击中对方，迫使对手回球出界或落网。中国政法大学原党委书记石亚军对乒乓球运动有着这样的感受：“打乒乓球就是让对方扬短避长。你有什么优点不让你发挥出来，对着你的缺点狠狠地打。”久而久之，在这种短时间内瞬息万变、相互揣测的较量中，乒乓球运动员的反应能力和应变能力得以提升，机敏成了乒乓球运动员的特征。

四、不同年龄阶段儿童青少年运动员的身心特点

从天真烂漫的儿童，到努力摆脱束缚的叛逆青春期早期，再到具备成熟抽象思维和思考及自立能力的青春期晚期，教练员陪伴在执教运动员身边的时光，往往是运动员由儿童向青少年迈进过程中最重要也是最美好的一段年华。在这一段时期，随着儿童青少年的逐步成长，他们会在不同阶段呈现出迥异的身心特点。

教练员的执教对象一般是儿童青少年。儿童青少年时期是人一生中生长发育最快速的时期，此阶段人的生理和心理急剧发展变化。儿童青少年期生理变化急剧，身体迅速长高，体型改变，第二性征和性冲动出现，月经和遗精引起的不安和羞怯难以言表，儿童青少年需要根据这些变化重新评估自己，形成新的自我意象。随着生理上的迅速成长与变化，儿童青少年的心理迷惑和骚动相当多见，引起许多矛盾与对抗行为。青春期感情丰富，情绪起

伏不定，忽而高涨如临山巅，忽而低落如坠深谷。儿童青少年人格尚未成熟，好幻想，人生经验不足，追求时尚，对新鲜事物敏感而好奇，也易受外界的诱惑和他人的影响。在这一部分，简要介绍儿童期（6—10 岁）、青少年早期（11—14 岁）、青少年中期（15—17 岁）和青少年晚期（18—21 岁）的身心发展特点。

（一）儿童期（6—10 岁）

中枢神经系统兴奋与抑制过程不稳定，兴奋占优势，好动，注意力不集中，脑重在 1 200~1 400 克之间，[①] 大脑皮质神经细胞正处于发育时期，抑制与兴奋相互转换较快，工作能力容易恢复，但长时间、单调的训练容易造成疲劳。

第一信号系统的活动占主要地位，往往靠直观的形象来建立条件反射。因此对儿童训练时，应多做示范，以模仿性练习为主，结合简单、易懂、形象化的语言进行讲解。

骨骼的特点是矿物质（钙、磷）较少，有机物和水分较多，骨密质较薄，骨骼富有弹性，关节活动范围较大。不宜在硬地上做大量跳跃动作，以免影响骨骼的生长或引起骨盆的畸形。

肌肉的增长很快，小肌肉群落后于大肌肉群的发展，肌腱、韧带的弹性和可塑性大。过重的力量练习、承受暴力或过重负担，易造成脱臼和关节畸形，耐力练习也应妥善安排。

心脏体积和容量较小，动脉口径较大，血压较低，脉搏较快。长时间、紧张的练习以及过多的憋气和静力练习都可能对心脏有不良影响。

胸廓较小，肺活量较小，呼吸频率快，屏息时间短，呼吸肌力量弱，负氧债能力较差。训练中不能长时间进行大强度练习，应注意增加发展呼吸机能的练习。

认识事物能力的发展主要由具体形象思维向抽象逻辑思维过渡，喜欢学习别人的运动技巧，自信心强，有时过高估计自己的能力，喜欢做一些不能胜任的事情，自尊心也比较强。训练中应注意采用丰富多彩的练习形式和直观形象的教学训练，使训练生动活泼。

（二）青少年早期（11—14 岁）

青春期到来，身体急剧的生长和变化。女孩在平均年龄为 11.5 岁时、

① 谢敏豪. 运动员基础训练的人体科学原理［M］. 北京：北京体育大学出版社，2005.

男孩平均年龄在 13.5 岁时经历身高最快增长。跑、跳、投的成绩在整个青少年时期稳步提高，但女孩在 12 岁和 13 岁时可能趋于稳定，男孩继续稳步提高直到接近 20 岁时。

肌肉、骨骼等全面急剧地成长，生殖系统的成熟，第二性征逐渐显露。女孩的胸部发育，开始月经来潮。男孩的声音低沉，阴茎频繁地勃起。

在青春期之前，男孩在力量上比女孩有一些优势，在青春期过后，优势更大。在整个青少年期，男孩和女孩的力量都呈增长趋势而且通过科学的力量训练可以进一步增长力量。

随着身体的发育，青少年必须适应发展中的新自我，同时还必须适应他人对其新形象的反应。由于身心方面的成长不能平衡发展，青少年会产生不稳定的现象，常常对自己正经历的身体和情绪变化没有把握，易激动，心情变化不定，时而振奋、奔放、激动，时而又动怒、怄气、争吵、打架，有时甚至会泄气、绝望。在教学训练中，教练应从各个方面帮助青少年运动员树立正确的观点，特别是人生观、价值观和道德观，以便他们做出正确的抉择。

青少年希望更加自立，开始抽象思考，智力逐渐成熟，个人价值得到发展，对同伴，主要是对同性同伴的依赖增强，容易受同伴和所崇拜的成年人的影响。同伴群体的价值观以及教练、成年人的评价对其非常重要。

（三）青春期中期（15—17 岁）

通常来说，14.5 岁的女孩和 16.5 岁的男孩已基本完成身体生长，他们比较关心性别上的吸引力，寻求男子气概或女性特点。男孩增长肌肉，女孩增长脂肪。

这一时期，他们渴望独立的愿望日益变得强烈，要求自己有作决定的权利，与家庭的联系逐渐疏远，对父母或教练的权威产生怀疑，甚至发生反抗行为，摆脱由成年人规定的各种形式的束缚。对问题的看法常常是只顾部分，忽视整体；只顾现象，忽视本质，即容易片面化和表面化。训练中必须设置和实施明确的限制，保护这些年轻人不做危险的事情。这就会出现叛逆行为。

这一时期，同伴关系会深刻影响他们的思维和生活选择。因此，良好的团队建设对这个年龄段的青少年具有特殊意义。这个阶段的青少年已经逐渐能够展开抽象思维，理解当前行为对将来结果的影响，自豪地接受并完成任务，日益对他人表示尊重。他们开始意识到友谊关系的特征，以及保持友谊的决定因素。尽管他们基本上是以自我为中心，但如果引导得好，与同龄人发展良好的友谊，他们会变得更加共情，认识到帮助他人的价值，也容易建立爱国意识，表现出积极正面的情绪。

（四）青春期晚期（18—21 岁）

到了这个时期，青少年变得更加成熟，他们试图理解自己是谁，了解自己擅长和不擅长的方面。

他们开始摆脱单一的具体运算和简单形象思维，正式进入抽象思维阶段，即懂得试验、假说、推论这类形式化的思考，学会运用理论来推想因果关系，开始懂得处理复杂的信息或资料。

他们也学会了反省和自我批评，各个方面都以成年人的标准要求自己，也有能力听取他人意见，乐于从家庭成员或其他可信任的成年人那里寻求建议，处理问题时能考虑更多的可能性，思维活动的数量和质量都有很大提高。

他们已经能够独立活动，对自己更有把握，开始自己设置目标，制订长期计划，并有可能拒绝别人为自己设置的目标。

第二节 加强人际沟通

一、认识沟通

（一）有效沟通是通往成功的钥匙

沟通是思想、情感、知识、信息在人群中传递和交换的过程，是矛盾双方在一定条件下互相联结、互相依存、互相渗透、互相贯通的体现，也是矛盾转化的必要条件。国事、家事、天下事，事事需要有效沟通，沟通则情通、理通、心通。按中国传统医学理论的说法，“通则不痛，痛则不通”。反之，没有相互沟通就没有相互理解，没有相互理解就没有相互信任，没有相互信任就没有相互协调，没有相互协调就没有事业的成功。

在某期央视《对话》节目中，主持人向嘉宾时任诺基亚 CEO 奥利拉提问:“成为 CEO 什么能力最重要？”奥利拉相当干脆地回答:“沟通和管理人的能力。”时隔一周，《对话》节目又邀请到了当时爱立信 CEO 柯德川，主持人向其提出了同一问题，出人意料的是，柯德川的回答与奥利拉惊人的一致——还是沟通。主持人不禁笑问，他是否与奥利拉串通好了作答。在世界各大商学院和商业研究机构对成功管理者的调查中，根据“什么是他们工作中最重要的技能”问题回答的统计，“沟通能力”始终排在首位。美国前总统福特曾说“生活中没有什么比有效沟通更重要的了”。

可见，有效沟通能力是处理好人际关系的关键，更是通向成功的钥匙。具有良好的沟通能力，可以使你很好地表达自己的思想和情感，获得别人的理解和支持，从而和上级、同事、下级保持良好的关系。沟通技巧较差的个体常常会被别人误解，给别人留下不好的印象，甚至无意中对别人造成伤害。如果教练员和运动员由于信息沟通不畅，缺乏相互了解，产生矛盾，可能对运动员的一生产生重要的心理影响。

黄旭受伤的启示

有一次，黄旭在练习鞍马的马头打滚360°动作时（当时他12岁左右），总是完成不了。我很生气，因为前两天这个动作他还完成得不错，为什么今天不行了？肯定是怕苦、犯懒、不努力，于是命令式地要求他必须完成10次，结果在完成到第三个后突然手撑滑了，摔倒在马下，嘴被磕破了，手腕也被压了一下，幸亏没有直臂撑地，否则，肘关节就很有可能骨折（队里已经有几例这样受伤），真把我吓了一跳，在把他送到医务室的途中，我清醒了很多，自己太心急了，如果真的受伤，那后果可想而知。事后我了解到，黄旭那天身体不太好，但有点不敢跟我说，加上又是重点训练课，本来他就是个很懂事、很要强的队员，所以他想坚持一下，顶过去，因此造成这样的结果。

冷静下来后，我和他首次进行了较长时间的谈话（沟通），全面了解到他当时的身体状况以及他心里的想法后，我才意识到是我的训练计划出现问题，主要责任在我而不是他。我在表扬他训练自觉性高、有上进心的同时也告诉他，今后无论身体还是其他方面有任何情况都要及时告诉我，以便我能更好地掌控训练计划，才能提高训练效果，才能更快地进步，才能防止伤病的发生。虽然他当时只有12岁，还是个孩子，但我还是主动向他承认自己太主观、太心急的错误，并表示今后我会努力去改变。这对他的触动很大，没想到教练员也会承认自己有错，他不但没有因为我承认错误而看低我，而是更加尊敬我、信任我，从此训练更加自觉、认真、主动，进步更快了。这次和运动员推心置腹的谈话，让我第一次体会到“沟通”的重要性。当一个教练员能获得运动员的尊敬、信任和理解，你就成功了一半，你的任何训练计划都能顺利地实施，训练效率和技术水平必然会显著提高。

（引自：王国庆. 执着与坚守——体操执教成功之路［M］. 北京：北京体育大学出版社，2018.）

虽然，并不是所有影响他人的人都擅长沟通，但擅长沟通的人肯定能深刻地影响他人。良好的沟通能力无疑为优秀运动员的成功增加了重要砝码。2006 年 12 月 13 日，在多哈亚运会女子网球单打决赛中，中国名将郑洁击败印度名将米尔扎赢得冠军。中国女队主教练蒋宏伟对郑洁作出了这样评价：她能赢得这场比赛也是因为她人好，因为球打到最后就是打境界，所以运动员的人品很重要。郑洁的人好表现在意志品质好和为人处事好。论身体条件，郑洁远不如其他队员，参赛前一个月脚上还有伤，但她有顽强的意志品质，稳定的心理状态，高度的求胜欲望。她的拼搏精神反过来会感染教练，看她打球，教练心里踏实。平时，郑洁善于学习，善于与队友和教练沟通，在职业化赛事中，更需要这种能力。

与此同时，因为沟通能力丢分而失去晋级成功机会的运动员，同样不在少数。例如，2006 年多哈亚运会，12 月 7 日，女子沙滩排球的第三轮比赛，中国 17 岁小将薛晨 / 张希对日本 30 岁老将田中姿子 / 小泉荣子。音乐转强，主持人激情四射将主角“推”上赛场。田中姿子 / 小泉荣子喜笑颜开地跑上场，一脸灿烂，又是握拳，又是点头，将飞吻抛向四座，还用手势引领观众鼓掌，如同歌星站在台上，尖叫声反弹回来，如山呼海啸一般，观众的情绪开关完全掌控在她们的手中。薛晨 / 张希一个 1.90 米，一个 1.83 米，挺拔、青春，当时世界排名第三。中国队员走过来，神情轻松，可惜更多的是你跟我说，我跟你谈。台上这时只传出了礼貌式的零星掌声。多哈沙场如同日本主场，观众一边倒，偶尔才有一声“CHINA（中国）”。结果，中国组合输了。羊城晚报评论道：中国妹妹至少部分输在了自己表情不多的脸上和与观众沟通的欠缺上。多跟观众交流互动，才能获得观众的回报。你爱他们，他们才爱你。你尊重他们，他们才支持你。爱与尊重是一种自身价值的增值。

沟通，让教练员了解运动员，理解运动员，信任运动员；沟通，让运动员了解教练员，理解教练员，信任教练员；沟通，是教练员获取正确反馈的重要渠道，是教练员和运动员彼此理解、相互信任的桥梁，是提高运动员竞技水平不可或缺的手段。

（二）沟通的三个维度

1. 发出信息和接收信息

在执教过程中，教练员往往擅长和注意发出信息，而忽略了接收信息。因而，在沟通时，不仅要善于发出清晰、易懂的信息，而且要善于倾听沟通过程中的反馈信息。从下面的例子中可以看出发出信息和接收信息的差异。

教练说：	运动员说：
“根本没法跟他说……”	“教练难以接近……”
“这个我都跟她说过上千次了。”	“他做什么都不跟我们解释。”
“他总是左耳朵进，右耳朵出……”	“他总是又喊又叫的……”

2. 内容和情感

沟通包括内容和情感两个部分。内容是指信息的实质，情感是指对信息的感觉。通常内容是口头语言的，情感是非口头语言的。在沟通过程中，教练员往往注意了内容的把握，而忽略了情感的体现，从而面临着把握内容和情感的挑战。古人云：感人心者，莫先乎情。教练员的沟通工作，在很大程度上，可以说是情感的征服。只有善于运用情感技巧，动之以情，以情感人，才能打动人心。感情是沟通的桥梁，要想说服运动员，必须跨越这一座桥，才能到达对方的心理堡垒，征服别人。教练员在与运动员沟通时，应推心置腹，动之以情，讲明利害关系，使运动员感到教练员的劝告并不抱有任何个人目的，没有丝毫不良企图，而是真心实意地帮助自己，为自己的切身利益着想。诚如白居易诗言：“功成理定何神速，速在推心置人腹。”

3. 口头语言和非口头语言

在人际交流中，70%的沟通是通过非口头语言，即身体语言进行的。外貌、姿态、手势、身体姿势、身体接触、面部表情等都是非口头语言。绝大多数人对于口头语言的控制意识要大于非口头语言。非口头语言难以掩饰，也难以控制，它们比口头语言更能准确地反映人的情绪、姿态、意图和感受，甚至揭示出人想在语言表达中可以隐藏或有意篡改的那部分潜在信息，自然也有可能被错误理解。美国电视剧《别对我说谎》中，犯罪心理学家正是通过对犯罪嫌疑人非口头语言的观察捕捉到被隐藏的信息，从而发现真相。

所以，要想进行有效沟通，准确无误地传达沟通内容和情感，必须特别注意自己与他人交流时的手势、体态、面部表情等非口头语言。下面的案例反映的就是教练员无意识传达出消极的非口头语言对运动员造成的恶劣影响。

真诚的眼神——一位软网运动员的心声

我的教练是一位非常严格的教练，我在训练中会因为一个球的失误而害怕被他骂。所以，至今为止我都养成了一个习惯，就是每打一个球都会去看一眼教练。

我经常会在教练的眼睛里见到他对我的不信任，导致我自己无时无刻不都在怀疑自己的能力与技术。

有一段时间，我见到他对我充满信心的眼神和表情，那时候运动成绩、选拔比赛，我都抛到脑后。我努力打好每一个球，就是想见到教练信任我的眼神和我打出一个漂亮好球时的笑容。对于我来说，这比什么都重要。

我每天都会给自己定一个目标，但大多数还是为了见到教练对我充满信任的眼神和表情。那段日子里，我每天都有一种强烈的成就感。

2005年全国比赛上，我又一次见到他那怀疑的眼神。在关键的比赛场次中，他不断鼓励我，让我不要有压力。然而，从他的眼神里我见到的是欺骗。其实，他对我一点信心都没有。

在参加东亚运动会集训的日子里，我用尽所有的努力只想换取教练真诚的笑容与眼神，最后，还是没有改变他对我的怀疑。

我不想再这样训练下去，我已经没有任何信心和动力再去训练了。最终，我选择了放弃，结束了我的网球生涯。教练至今也不知道我为什么会选择放弃。或许，他永远也不会知道。

（三）沟通的方式

口头语言、书面语言、非口头语言、电子媒介都是现代社会沟通的重要方式。表4-1列举了这几种不同沟通方式的比较。从表4-1中可见，不论哪种沟通方式都有自己的优点和缺点，这就需要教练员根据具体的环境和情景选择适合的沟通方式。

▶ **表4-1 不同沟通方式比较**

沟通方式	举例	优点	缺点
口头语言	交谈，讲座，讨论会，电话	快速传递，快速反馈，信息量很大	传递中经过层次越多，信息失真越严重，核实越困难

续表

沟通方式	举例	优点	缺点
书面语言	报告，备忘录，信件，内部期刊，布告	持久，有形，可以核实	效率低，缺乏反馈
非口头语言	声、光信号，体态，语调	信息意义十分明确，内涵丰富，含义隐含灵活	传递距离有限，界限模糊，只能意会不能言传
电子媒介	传真，闭路电视，电子邮件	快速传递，信息容量大，一份信息可同时传递给多人，廉价	单向传递，电子邮件可以交流，但看不见表情

（四）沟通的原则

敬、诚、当、效、听、让六字构成了沟通的原则。

1. 敬

主观上要尊重对方，让对方感到你在尊重他，即使与下级讲话，也不要一口一个“我”字。例如，教练员要改变运动员已公开的立场，首先要做的就是尽量顾全他的面子，为人置梯，把运动员从自我矛盾中解放出来，使他体面地收回先前的立场。在实际工作中，教练员最好采取单独面谈的方式，让运动员避开公众的压力，使其反省。这样，运动员定会顺着你给出的梯子，走下他固执的高楼，并且还会因为你保全了他的尊严而心存感激。

2. 诚

诚恳待人，言而有信。俗话说，设身处地，将心比心，人同此心，心同此理。许多沟通工作遇到困难，并不是没把道理讲清楚，而是由于劝说者与被劝说者固执地据守本位，不替对方着想。如果换个位置，被劝说者也许就不会“拒绝”劝说者，劝说和沟通就会容易多了。教练员在劝说运动员时，尤其要注意这一点，并自觉地运用到工作中，有助于清除情绪障碍。教练员站在运动员的位置上考虑问题，同时，又把运动员放在运动员的位子上，并抓住运动员的关注点，就能使运动员心甘情愿地把天平砝码加到教练员这边。

3. 当

摆正自己位置，掌握好分寸，让对方感到自在。平级之间、上下级之间会存在“共同意识”。作为教练员，为了与运动员有效沟通，应该敏锐地把握这种共同意识，以便求同存异，缩短与运动员之间的心理差距。教练员要与运动员有效沟通，就要设法缩短和运动员之间的心理距离。共同意识的提出，能使激烈反对教练员的人，不再和教练员意见相反了，而且会心平气和地听从教练员的劝说。这样，教练员就有了表达自己的观点，走入运动员心里的机会。

4. 效

讲究交流方式，注意沟通效果。例如，教练员与运动员沟通时，总不能一直板着脸、皱着眉，这样很容易引起运动员的反感与抵触，使沟通工作陷入僵局。在训练中，教练员说服运动员时，可以适当运用俏皮话、笑话、歇后语，晓之以理，动之以情，为取得良好的沟通效果。这种加“作料”的方法，只要使用得当，就能把抽象的道理讲得清楚明白、诙谐风趣，不失为沟通技巧中的神来之笔。

5. 听

倾听的能力是一种艺术，也是一种技巧。倾听需要专心，认真听对方讲，让对方感觉到你在认真听，并且抓住时机提问。对教练员来说，“听”不是件容易的事，教练员往往只注意到对运动员提出要求，发出指令，却忘记了关注运动员，缺少一双会“听”的耳朵。每个人都需要对人倾诉。运动员会遇到各种各样的困难，如果在倾诉过程中受到干扰，那么沟通会产生障碍。而不注意倾听的人，也会容易失去信任。同样，运动员也要学会倾听，积蓄迈向成功的力量。

爵士后卫多诺万·米切尔谈自己成功的秘诀——学会倾听

“我见过许多我认为本可以成为球星的球员，但是他们没有学会倾听，”米切尔说道，“我成长过程中一些 AAU 球队的队友比我强 10 倍，但他们不会倾听。我在高中的时候参加了很多全明星赛，那里的许多球员非常出色，但他们不会倾听，自以为是，骄傲自满。因此我不能这样做，我不能成为这样的人。那些年纪大一些的人是明白的，他们经历过，他们做过，因此如果我想要不断地取得成功，那我就要学会倾听。也许我不会总是听到自己乐于听到的，但那都是忠言逆耳。我认为从我还是个孩子的时候，我就掌握了这样的能力，我妈妈跟我说过 1 000 次‘你得听话’。”

6. 让

学会谦让，不要咄咄逼人。例如，当运动员与自己的意见和看法不同时，作为教练员，切忌用权力压倒运动员。如果那样做，很可能是压而不服，运动员的反抗会像收紧的弹簧一样随时扩张、爆发。而高明的方法应该是克己忍让，对运动员礼让三分，以柔克刚，让事实来“表白”自己。一旦教练这样做，运动员会从内心由衷地钦佩教练，从而达到有效沟通的目的。这种谦让的风范和“四两拨千斤”的沟通技巧常常能赢得运动员真诚的拥护与尊敬。

二、沟通从应对差异开始

既然人与人之间的差异无处不在，那么，应对存在的差异就成了沟通和解决问题的出发点。应对差异不是针尖对麦芒的硬碰硬，而是融合了因材施教、竞争激励、差异互补等多种手段，它是平衡的艺术，更是创造奇迹的智慧。

（一）重视差异

入队以后，每次训练中，我总感觉有点头晕、眼发黑、恶心、浑身无力。我一训练就晕，教练老是说我，烦我，说我不好好练，怕吃苦。可是，教练忽略了每个人身体状况的不同。训练后我无法恢复，也就无法适应训练。教练就说我身体条件在那摆着，那么好，就是吃不了苦。后来我回省队。队里对我挺重视，训练上能掌握，生活比较照顾。这样，那一年我的血色素又上来了，我感觉身体特别有劲儿，觉得力量用不完似的。连续5年，我参加了所有的甲级联赛，并在全国主攻手对抗赛上获得第一名。最后，全国教练员会议上各省的教练们都写信推荐我，让我重返国家队。

——一位老女排队员的述说

从这个案例可以看到，教练要做好工作、带好队员，就必须重视差异，避免“我教你怎么做，你就怎么做”的单向沟通。因为在单向沟通中，教练员向运动员陈述自己的想法，但运动员不向教练员陈述反馈。这种沟通过程速度快，有秩序，有条理，但往往缺乏真实信息的获取和效果的衡量检验，忽略了运动员间的差异。表4-2展示的是单向沟通与双向沟通的比较。

▶ 表 4–2 单向沟通与双向沟通的比较

因素	结果
时间	双向沟通比单向沟通需要更多的时间
信息和理解的准确程度	在双向沟通中，接收者理解信息和发送者意图的准确程度大大提高
接收者和发送者的置信程度	在双向沟通中，接收者和发送者都比较相信自己对信息的理解
满意	接收者比较满意双向沟通，发送者比较满意单向沟通
噪声	由于与问题无关的信息较易进入沟通渠道，双向沟通的噪声比单向沟通要大得多

（二）利用差异

对于客观存在的差异，在尊重的基础上，还应当加以有效利用。

鲶鱼效应

挪威人喜欢吃沙丁鱼，尤其是活鱼。市场上活沙丁鱼的价格要比死的高许多。所以渔民总是千方百计地想办法让沙丁鱼活着回到渔港。可是虽然经过种种努力，绝大部分沙丁鱼还是在中途因窒息而死亡，但却有一条渔船总能让大部分沙丁鱼活着回到渔港。船长严格保守着秘密。直到船长去世，谜底才揭开。原来是船长在装满沙丁鱼的鱼槽里放进了一条以鱼为主要食物的鲶鱼。鲶鱼进入鱼槽后，由于环境陌生，便四处游动。沙丁鱼见了鲶鱼十分紧张，左冲右突，四处躲避，加速游动。这样一来，沙丁鱼就活蹦乱跳地回到了渔港。

“鲶鱼效应”是教练要利用差异，激发运动员活力的有效措施之一。在运动队中，“一团和气”的集体不一定是一个高效率的集体，教练要实现管理的目标，就需要将不同性格特点、不同训练经历的运动员组合进自己的团队，并不断补充新鲜血液，带来团队内部的竞争压力，才能唤起“沙丁鱼”的生存意识和竞争求胜之心。只有存在竞争气氛，运动员才会有紧迫感，才能激发进取心，运动队才有活力。

2008 年，奥巴马上任后的组阁就充分利用了“鲶鱼效应”。他挑选了各个领域中最杰出的人才，并未考虑其属于哪个政治派别；能力重于忠诚和友情，只有极少数人曾与他有过直接合作，其中有些人甚至曾明确反对奥巴马。数十位专栏作家曾提醒奥巴马面临被强势人物包围的危险。但他说，我就是要邀请不同观点的人入阁来为美国制定最好的政策，我将欢迎白宫里的激烈辩论。我组织这个团队是因为我坚信个性和个人观点的力量。即使有此风险，也比白宫只有一种思维要好。

除了“鲶鱼效应”，人们常说的“男女搭配干活不累”也被有效地运用到了国家跆拳道队的训练之中。

国家跆拳道队曾很长一段时间在北京体育大学球类馆进行训练，男女队各占用一块篮球场，两块场地之间被挡网隔开，但双方的训练都能互相看见。在这样相对艰苦的条件下训练，两队的教练却乐在其中，因为这样安排训练场地，教练员可以有效利用男女差异激励运动员。

剑桥产业培训研究部前主任贝尔宾博士和他的同事基于多年在澳洲和英国的研究与实践，出版了《管理团队：成功启示录》，书中提出了团队角色理论，基本思想是没有完美的个人，只有完美的团队；人无完人，但团队却可以是完美的团队，只要适当的拥有如下角色：

第一种是实干家。勤勤恳恳，让干什么他就干什么，但缺少创造性和灵活性。

第二种是推进者。讲究办事效率，工作第一，人际关系有点紧张。

第三种是外交家。能言善辩，人际关系好，对信息敏感，但不够踏实、不够务实。

第四种是智多星。善于创新，思维敏捷，但就是想一个主意没有落实，又想第二个主意，不够务实，不够踏实。

第五种是监督者。特别冷静，理智，负责任，喜欢挑毛病，喜欢提意见，但有一点保守。

第六种是完美主义者。什么事都追求十全十美，一旦达不到理想目标，情绪就容易变动，有挫折感。

第七种是协调者。人缘好，适应性强，适应环境，适应人际关系，但原则性不强。人缘越好的人，有时候原则性越不强。

第八种是凝聚者。有凝聚力、有魅力、有吸引力，能把大家团结在自己周围。

贝尔宾的团队角色理论正是通过把不同类型的人组合在一个团队中，容人短处，用人所长，尊重差异，实现互补，从而提高团队的战斗力。作为教练，首先，应该把自己锻炼成为凝聚者，有魅力、有吸引力，把队员团结在自己周围，把领导、工作人员调动在自己的周围。其次，应了解队员的差异，有针对性地进行工作。再次，不仅自己而且要让全体队员懂得，团队成绩重于个人成绩。

（三）善待差异

训练中，强调人人平等。就是要把运动员的成就记在心中，区别对待每一位队员。每个人都是不寻常的，每个人都应作为个体对待。将每一个运动员作为个体对待，就得善待个体之间的差异。

《水浒传》第二十回晁盖火并王伦，做了梁山的寨主，立下了梁山分配原则：山下抢到的财物，用于分配的部分，放于大厅，分成两半，山上少数头领平分一半，众多弟兄们平分另一半。

达拉斯牛仔队教练对队员说："我将始终如一的对待你们每个人，因为我会区别对待你们每个人。事情就该这样。一个人越努力，表现越好，越能达到我的要求，我就会对他越放手。出于同样原因，如果一个人不肯干，或不是一个好球员，那他就待不久。"

（四）赢得认同

教练对待每一个运动员，除了要善待他们的差异外，还要赢得他们的认同。要想让运动员认同你的想法、你要求的事情，就要让他先认同你；只有运动员认同了你，你提出的要求他也容易认同。而要想让运动员认同你，那么就必须让运动员认同你做的事。二者是互动的关系，认同永远是相互的。

黄健对杨文琴的回忆 [1]

杨文琴刚来时对自己毫无信心。的确，四年的时间中，姑娘的成绩不仅没有提高，反而下降了3厘米。这对一个年轻运动员来说无疑是一个极大的悲剧，她陷入了心理昏迷中。那时，郑达真训练很顺利，就像调准了弦的小提琴，而小杨从走进训练场到离开训练场都充满了疑虑和动摇。她不相信会有奇迹。同时，她的眼中也毫不掩饰地流露出对我的不信任。这很自然，这几年她和教练的关系说得轻些是十分紧张，有时甚至是公开对立。

"我知道你们这些教练，天下乌鸦一般黑！我的新教练未必能为我做出什么来。他肯定会把大部分精力用在自己宠爱的郑达真身上。对我——不幸的人，大家早已不关心了。"我的新学生或许这样想着。

另外，小杨对我的训练方法也不完全相信。她认为这些方法只适合于郑达真，对她并不适用。你看，情况并不妙。我必须想办法解决这个问题。或许有些教练会忽略这个情况，他指望着一切都会逐步顺利解决，可我却十分热衷于维护组里的气氛。我通常是这样做的，在训练中更多地关照那些

① 黄健. 挑战高度——一个教练的回忆［M］. 北京：同心出版社，2000.

"不走运的人"，并"唆使"运动员之间相互追赶。

我的计划如下：

首先，我要取得杨文琴的信任，让她知道。我不仅不会利用她，还会在她"不幸"时全力帮助她。我不仅是她的教练，还是她的朋友，我相信她的天赋和未来的前途。

其次，我还要帮助杨文琴树立起信心：她不比任何人差，完全可以赶上去！要达到这个目的，我还要说服杨文琴相信我的训练方法。

最后，我应该细致地做工作，不能让小杨在组里有委屈感。应该说，这个过程虽然痛苦、不容易——因为事情关系到姑娘受伤心灵的恢复，但我们还是取得了很好的结果。在此之后，杨文琴在训练中的迅速进步。

从让队员认同自己的训练方法，帮助队员树立起信心，到取得队员的信任，让队员把自己当作朋友。黄健教练完成了让队员从认同教练所做的事到认同教练这个人的过程。接下来"小杨完全变了一个人"，并在不久之后创造了亚洲女子跳高纪录。

由此可以看到，认同是你发出什么，就会得到什么。尤其是作为教练，认同永远应该是主动的。认同的对立面是排斥，你排斥别人，别人就排斥你。相互排斥就是挖沟，沟越挖越深、越挖越宽，那就没有沟通了，没有沟通就没有认同，整个教练工作就会落空。

三、与自己沟通

与自己沟通，是一个人对自己的发问和追问，可谓一场自我认知和探索发现之旅，是一个人说服自己采取特定行动的能力。这种沟通虽然隐藏得深，但效果却很深远。因为它作用的是人的内心，直抵心灵深处，教会人掌握快乐工作、成功生活的秘诀。

（一）要成功先学会快乐

过去我们认为成功让人快乐，而最新研究发现，快乐让人成功。快乐的人，以积极的态度应对日常工作的人，普遍心态好，这种好心态促使他们保有对目标的向往，而且更有韧性和能量，能够产生正面的影响力，充满自信与活力。这样的人受人喜欢，容易取得别人的信任。如果一个人充满了快乐、正面的思想，那么好的人、事、物都会和他产生共鸣，也容易被他吸引。著名作家金庸先生有一句经典的俏皮话，"爱笑的女孩通常运气都不会太差”。

你相信吗？快乐不仅能让人成功，甚至能让奶牛多产奶。

2008 年 4 月 14 日英国《泰晤士报》报道，一个名叫塔弗纳奶牛场的农夫，每天早上都会穿蓝色工作服和防水长靴，在他喂养的奶牛面前打太极拳。塔弗纳说：“太极拳能让你抛开一切烦恼，进入一种美好的境界。动物能感受到人的心情。我快乐，我的奶牛就快乐。而奶牛越快乐，它们的产奶量就越高，牛奶的质量也提高了。与去年相比，奶牛今年的产奶量大约增加了 10%。”

美国纽卡斯尔大学农业、食品与农村发展学院的研究发现：“就像人类对待被人关怀的反应一样，如果给予奶牛更多的一对一的关怀，他们会感觉更快乐、更放松。例如，呼喊奶牛的名字或在奶牛成长过程中与其进行互动，不仅能改善奶牛的健康状况以及它对人类的认识，还能增加牛奶产量。”

（二）视工作为快乐

教练是一项高风险与高挑战并存、高权威与低权威并存、高投入与低回报并存的事业，他要面对的是每位运动员艰苦的训练与紧张的比赛。面对这样的工作，能否和自己沟通，视工作为快乐呢？

张宁：打羽毛球是人生的乐趣

张宁，我国著名的羽毛球运动员，16 岁进国家队；19 岁，主力队员，获尤伯杯女单亚军；21 岁，获奥运会羽毛球女单银牌、世界杯女单冠军；23 岁，获大奖赛总决赛女单冠军；26 岁，获世锦赛女单第三；28 岁，获世锦赛女单冠军；29 岁，获奥运会羽毛球女单金牌；30 岁，获世锦赛女单亚军；31 岁，获尤伯杯女单冠军、世锦赛女单亚军；2008 年 33 岁，再获奥运会羽毛球女单金牌。当人们问她为何能坚持这么长时间时，她回答道：“人在成长中才会发现很多自己以前从不知道的事情。我不到今天这个年纪、不经历过这么多成功与失败，是难以体会到羽毛球现在给我带来的这种快乐。我发现，现在我打羽毛球是一种人生乐趣，在这种乐趣中，你只有割舍不了的情感，而不会考虑其他。”“作为运动员，固然对金牌、对冠军有强烈的渴望，但我认为，运动员的运动生涯不能仅仅就是为了去拿金牌和冠军。只是，能有这样的理解也是一种感悟的过程。”“我觉得一个人越是在享受乐趣的心态下工作，心情越是轻松，成绩就会越好，压力就越小。通过我给年轻队员一个启示，那就是在比赛场上是没有年龄限制的，只要你有信念去争取，就会得到成功，享受到乐趣。”

从中可以得到如下启示：

第一，因为态度不同，做同样的工作会产生不一样的效果，也会有不同的体验和收获。

第二，既然选择了这个职业，选择了这个岗位，就必须接受它的全部，而不是仅仅只享受它带来的益处。就算是委屈，那也是需要承担。如果说运动员不能接受艰苦的训练，那他能成为合格的运动员吗？

第三，只有把工作做得更完美、更迅速、更正确，充分发挥智力，全力以赴，从旧事物中找出新方法，才能引起他人注意，才有发挥本领的机会，才能满足心中的愿望。

第四，越是以快乐的心态工作，工作的心情就越轻松，成绩就会越好，压力就越小。

第五，把工作当成生命中重要的事情去做，自我鼓励，全力以赴，视工作为快乐，就可能获得自己所期望的成功。

美国前教育部长威廉·贝内特曾说：“工作是需要我们用生命去做的事。”

中国足球队前主教练朱广沪曾说：“我觉得任何时候都要积极对待人生，积极对待你，积极对待你所做的事情，积极是关键。这个积极来源于自我。只有自己燃烧了，才可能发光发热。确实环境会影响你，会限制你，但是限制的大小、影响的大小在于自己。”

我国著名射击运动员王义夫曾说：“我的经验是必须将全部的精力投入你所从事的事业中去，更重要的是你必须爱这项事业，用心去爱他，并且通过不懈的努力来实现你的理想。”

哈尔滨市体育局主管训练和竞赛的副局长佘选新认为，栾波的技术指导国内顶尖，并受到国际认可，“是一个肯花心思、创新型的教练”。她更多采用“启发式”，结合队员自身特点选择比赛曲目，她建议队员“自己先滑滑看”，她引导队员查阅和音乐相关的歌舞剧和电影资料，主动走进情境里。

（三）快乐工作训练法

1. 学会自言自语

众所周知，水有三种状态，水的三种状态由温度决定。0 ℃~100 ℃，水是液态，可以流动；0 ℃以下，水变成了冰，变为固态，不能流动；100 ℃以上，水变成了水蒸气，变为气态，蒸发进空气里。

人生也有三种状态，人生的状态由自己心灵的温度决定。假若一个人对生活和人生的温度是0 ℃以下，那么这个人的生活状态就会是冰，他的人生也就不过他双脚站的地方那么大；假若一个人对生活和人生抱以平常心，那么他就是一掬常态下的水，他能奔流进大河、大海，但永远离不开大地；假若一个人对生活和人生是100 ℃的炽热，那么他就会变成水蒸气，变成云朵，他将飞起来，不仅拥有大地，还能拥有天空。诚如美国著名橄榄球教练文斯·隆巴所说，“一个人的生活质量与其对追求卓越的投入是成正比的，不管他们选择的努力领域是什么”。

要使自己炽热地对待人生，就需要与自己沟通，学会自言自语。自己跟自己说话有助于强化自我形象，控制现实表现，因为能成功的人是那些认为自己能够成功的人。

如果你认为自己被打败了，你就真的败了。

如果你不敢，你就不能。

如果你想赢但却认为不能，赢不了几乎是必然的。

如果你认为你输了，你就真的输了。

因为全世界都这样：

成功来源于个人的意志，全然是一种心理状态。

2. 寻找心存感激的人或事

在工作和生活中，都会遇到需要心存感激的人和事，感激的内容每天可能不同。每晚睡觉前想出三件值得感恩的人或事，然后大声说出来或记下来。如果其中有一件与工作有关，那么就让大脑忘掉琐碎的工作，关注工作的好方面。研究发现，每天坚持感激的人不仅感觉生活更美好，而且运动得更多，身体的不适也会更少。

3. 乐在其中

很多教练认为“训练”和“乐趣”是相互矛盾的，训练就是吃苦耐劳受磨炼，哪里还能有乐趣。但对成功教练员的研究可以发现，只有那些将训练当做快乐的事情去做的人，才更能取得成功。因为当快乐的时候，神经元的传导速度会加快，效率也更高。轻松的情绪会让人更加清醒和有创造力。在中国游泳队的训练馆内，有这么一条口号：“生命因游泳而精彩”。这句话个性十足，深得年轻人喜欢。中国游泳队的每个人都热爱游泳，游泳是他们生命中不可或缺的一部分，他们选择了游泳，就选择了一份精彩的经历。既然对游泳这么热爱，为什么不努力训练，去铸就辉煌呢？

4. 装点明亮的工作环境

环境会影响人的心情，有些会让大脑陷入不必要的恐慌状态，而有些则会让人更有创造力，更加平静。作为教练，应精心装饰和布置运动队的训练场馆，控制场馆环境，让自己和队员一进训练场馆就能保持积极的情绪，使大脑放松，心情好转。走进国家体育总局训练局国家羽毛球队训练馆，高挂在墙上的横幅格外显眼："多吃苦、苦中有甜、多流汗、汗里藏金。"这一平实直观、对比强烈的话语，多年来一直激励着中国羽毛球队不断提高、挑战自我、勇敢奋进。

5. 营造良好的人际关系

在压力面前，聪明人也会干傻事。教练的训练和比赛往往面临常人难以想象的压力，在压力面前，不少教练只关注训练和比赛工作，封闭了社交网络。但在同优秀教练员打交道的过程中会发现，面对压力和挑战，成功最重要的因素之一就是人际关系的数量和质量，不仅包括与运动员、领队、队医、其他教练员的关系，还包括与家人、朋友的关系。与家人、朋友保持亲密关系是让人幸福的最重要的因素之一，还能助人长寿。因而，压力越大，越需要良好的关系。

6. 把工作看成一段段短跑

长期端坐在办公桌前可能造成肌肉紧绷、双眼呆滞、无精打采。长期在训练场中同样可能造成职业怠倦。因为连续工作两小时后，人的大脑便会反应迟缓，身体会积攒压力和紧张。因而，应把工作看成一段段短跑，而不是一场漫长的马拉松。把一个训练日分成几个时间段，每训练 90~120 分钟就休息一段时间。"多课次、精课时""少食多餐"，这些做法不仅会降低疲惫感，还会让注意力更加集中，训练效果也会随之提高。

四、与他人沟通

如果说，与自己沟通是一个人的独角戏，那么和他人沟通则是一幕两个人乃至更多人的合作表演。与他人沟通，要运用语言艺术之美，打造和谐的氛围，是一种说服他人采取特定行动的能力。与他人沟通，对自己的情绪会产生影响，同时也可反映他人对自己的态度。良好的沟通，需要沟通技能。

（一）从倾听开始

与他人沟通，有的人可能并不擅长，有些人甚至感到自己难以与他人沟通，也不知道如何才能与他人沟通。下面的故事可以启发我们如何开始与他人沟通。

候机厅发生的故事

一位年轻人乘飞机外出。上飞机后身旁坐的是一位老太太。落座后，机长抱歉地通知大家由于飞机机械故障所有乘客需下机等候。在休息厅，年轻人拿出书来翻看着，一旁的老太太却转头与他说话。年轻人只好放下手中的书，听老太太唠叨。40 分钟后，飞机修好，大家重新回到飞机上。

飞机起飞后，老太太回头跟年轻人说："年轻人，你是我这辈子看到的最会说话的人。"

年轻人认真地想了老半天，自己一直在听老太太唠叨，到底说了什么呀？

他最后回忆起来，在听老太太唠叨的过程中他不过重复着四句话，第一句就是"嗯哼"，第二句就是"哇"，第三句就是"是吗"，第四句是"那太好了"。

可不要小看这四句话。

"嗯哼"：让对方觉得我们在认真地倾听。

"哇"：表示对对方当时的话感兴趣。

"是吗"：就是回应对方说的话，代表有相对的互动。

"那太好了"：代表给对方一定程度的肯定与赞美。

所以，尽管这位年轻人从头到尾只有"嗯哼""哇""是吗""那太好了"，话不多，但事实上他做到了倾听、表示兴趣、表示认同，以及予以适当的赞美。

与他人沟通就这样从倾听中开始了。"你有两只耳朵和一张嘴，所以要听两句说一句"，摩根士丹利公司前联席总裁鲍伯·斯卡利如是说。

因当人们将 40% 的交流时间用于倾听的时候，倾听便成了准确接收和理解信息发送者意图的关键步骤。每个人的表达方式和沟通内容，受其文化背景、知识结构、能力、经验等因素影响，尤其当对方来自不同文化背景，其采用的语言又不是母语时。只有清楚地掌握对方的意图，方能采取有效、积极的反应，否则将不可避免地出现错误。在沟通交流中，人们希望能真切地感受到倾听者对他们所讲的内容感兴趣，想感受到倾听者在努力地理解他们所传达的信息。设想一下，当你讲话的时候，倾听者的举动告诉你他没有听，你会怎么想？这会对你产生什么影响？可见，不会倾听的人不会建立关系。

如果你希望别人能对你倾吐肺腑之言，那么你一定做一个出色的倾听者。

根据著名管理学者 Lyman Steil 的研究，在人们使用的听、说、读、写这些沟通技能里，使用最频繁的是“听”，然而所接受的训练却最少。倾听重要而没被重视是一个较为普遍的现象。

（二）学会主动倾听

美国管理大师德鲁克曾说过，沟通中最重要的是要听到没说出来的内容。听出对方没说出来的内容，称为主动倾听。主动倾听在训练中至关重要。

一名运动员担心一场重要的比赛达不到教练的期望值

运动员：“教练，你觉得我们能赢对方吗？”

教练：“他们是一支很优秀的队，但我们队也不错呀！”

运动员：“可是万一我们发挥不好怎么办？”

主动倾听，就是设法弄清楚队员担心队的输赢还是担心自己发挥不好呢？

教练：“你是担心自己的发挥吗？”

运动员：“嗯，有点。”

教练：“只要你尽力了，我总是为你骄傲。”

教练的安慰使队员意识到队伍是否接受他不在于他发挥的好坏，在于他努力的程度。

一名体操运动员对受伤的担心

体操运动员：“教练，你见过在高杠上最严重的受伤是怎样的？”

教练：“摔下来，摔断了脖子。”

主动倾听就可以把对话转换成下列方式：

教练：“我见过的受伤情况不多，你担心会受伤吗？”

体操运动员：“有时候会担心。”

教练：“现在的设备、监控设施及训练越来越好，严重受伤的概率较低。”

从上述案例可以看到，主动倾听包含关注说话者的想法，给予适当的回答，给予反馈，自始至终关注沟通过程。主动倾听者通常会转述说话者的话：

你的意思是……

你听听，看我理解的对吗……

你告诉我的是……

通过这种对他人话语和想法的阐述，对方了解到你在倾听而且真正领会了他所讲的内容。如果说话者知道你在倾听，你们之间的沟通和交流会进一步加深。

要学会主动倾听，需要共情，设身处地地为他人着想，从他们的角度出发感受他们所经历的事情；需要同情，在理解说话者的想法和感受的同时给别人提供你所掌握的信息并与其互动。

与主动倾听不同的是被动倾听或不专心倾听。倾听者只是被动地、静静地听，尽管也许在专注地听，但没能成功地把这个信息传达给说话者，甚至认为自己什么都知道了就停止了倾听，错过了说话者想表达的潜在意思，忽略了对方的感受。下面的句式就不是主动倾听：

如果我是你，我会……

如果你……，你会后悔的

那样不对……

（三）说的艺术

在与他人沟通建立合作和信任关系时，必须善于运用恰当的语言，注重说话的艺术。美国管理学家雷鲍夫提出的雷鲍夫法则就是说话的艺术。

雷鲍夫法则

最重要的 8 个字是：我承认我做得不好

最重要的 7 个字是：你干得实在漂亮

最重要的 6 个字是：你的看法如何

最重要的 5 个字是：咱们一起干

最重要的 4 个字是：不妨试试

最重要的 3 个字是：谢谢你

最重要的 2 个字是：我们

最重要的 1 个字是：您

在这一法则中，最重要的四个字是：不妨试试；最重要的一个字是：您。这里，将尊重对方放在了首位，将“我”隐藏了起来。

美国第 28 任总统伍德罗·威尔逊是一位有才能、自负的总统，对别人的意见往往瞧不起，要么不采纳，要么根本不予理睬。但是，有一个人是例外，这个人就是他的助理豪斯。

豪斯有什么绝招呢？

让我们看看下面这个例子。

1914 年春季，豪斯奉命赴法国做外交上的接洽。出发前，威尔逊原则上同意了豪斯的计划，但态度相当谨慎，距离被正式批准还相当遥远。豪斯到巴黎后不久，寄回了他同法国外长的谈话记录。在谈话中，豪斯把自己想出的经总统谨慎考虑后同意的计划，说是“总统的创见”，并热烈地赞扬说，这是“天才，勇气，先见之明”的表现。看了谈话记录，威尔逊总统毫不犹豫地正式批准了这个计划。计划的实施，给两国带来巨大的利益。豪斯为自己实际发挥的作用由衷地高兴，同时威尔逊总统也更加喜欢豪斯，对他更加倚重。但有一件事是心照不宣的：豪斯从来不表示某项计划是他想出来的。若干年后，豪斯说道：“我不愿意称那些计划是我的，并不仅仅出于讨总统喜欢。我的计划充其量是一棵树种，要长成参天大树必须有土壤、水分、空气和阳光。只有总统才有这些条件。把树种变成大树的，公平地说，是总统。我只不过把种子移到了总统心中。”

豪斯就是采用这种被后人称为“种子移植”的简单而有效的策略让美国总统威尔逊采纳自己的意见。由此，可以看到“说”的艺术。

五、改进沟通的措施

（一）列出沟通情境和沟通对象清单

首先，闭上眼想一想，你在哪些情境中与人沟通，如训练场、比赛场、食堂。

然后，再想想，你在不同情境中都需要与哪些人沟通，如训练场中的助理教练 A、助理教练 B、体能教练、队医、运动员 A、运动员 B、领导。

最后，把想到的情境和沟通对象列在清单上，如表 4–3 所示。

开列清单的目的是使自己清楚自己的沟通范围和对象，以便全面地提高自己的沟通能力。

▶ 表 4–3 沟通情境和沟通对象清单

沟通情境	训练场	比赛场	食堂	……
沟通对象	领导 助理教练 A 助理教练 B 体能教练 队医 运动员 A 运动员 B ……	仲裁 裁判员 助理教练 A 助理教练 B 体能教练 队医 运动员 A 运动员 B ……	领导 服务员 厨师 运动员 A 运动员 B ……	……

（二）评价自己的沟通状况

首先，评价自己在不同情境中的感受是愉快、一般，还是不愉快，将这些感受填在表 4–4 中。

▶ 表 4–4 在不同情境的感受

情境	愉快	一般	不愉快
训练场			
比赛场			
食堂			
……			

然后，对将不同情境中的不同沟通对象逐一进行评价，评价内容包括沟通愉快、沟通中表达清楚、误解别人、经常联系。对训练场情境中与不同对象的沟通情况可填入表 4–5 中。

▶　**表 4–5　训练场情境中与不同对象的沟通情况**

沟通对象	沟通愉快	表达清楚	误解别人	经常联系
领导				
助理教练 A				
助理教练 B				
体能教练				
队医				
运动员 A				
运动员 B				
……				

认真回答上述问题，有助于了解自己在哪些情境中、与哪些人的沟通状况较为理想，在哪些情境、与哪些人的沟通需要着力改善。

（三）评价自己的沟通方式

把在上述不同情境中与不同对象沟通时采用的方式列在表 4–6 中，进行自我评价。自我评价结果可以帮助自己认识到为什么与这个人沟通好，与那个人沟通不佳。

▶　**表 4–6　自我评价沟通方式**

沟通方式	是	否
自己主动与别人沟通		
安排合适的倾听时间		
安排能专心交流的环境		
沟通时自己摆脱其他事情，注意力集中		
充分准备了相关背景材料		
信息量把握得当		

沟通方式对沟通的效益和效果是十分重要的。主动沟通者更易与别人建立并维持广泛的人际关系，更可能在人际交往中获得成功。沟通时保持高度注意力，有助于了解对方的心理状态，并能够较好地根据反馈来调节沟通过程。没有人喜欢自己的沟通对象总是左顾右盼、心不在焉。在表达自己的意图时，一定要注意使自己被他人充分理解。沟通时的语言、动作等信息如果不充分，则不能明确表达自己的意思；如果信息过多、说话啰唆则会引起对方不舒服。我国著名排球教练员郎平就十分注意沟通的方式和效果。她说："球队是一个大家庭，一定会在想法上，在有一些问题的处理上会不同，会有一些争吵，或者大家心里有一些不舒服。作为一个家庭来讲，夫妻之间会吵架，兄弟姐妹也会吵架，孩子和父母之间也会吵架，这都是很正常的。作为一个集体我们也会发生这些事情，大家来沟通，小事就让，大事以原则为主。从哪个开始，这个会遇到什么问题，你的意见怎么样，有的时候不能光凭自己的感觉，有时候我也会跟安导、赖导讨论，我不是特别确认的时候，我们三个会商量。"

第三节 把握激励艺术

每个人都有着自己的梦想、期望和愿景。这种梦想、期望和愿景是潜在的，是一种潜能，并不被人所知。要想被人知道，被人认同，就需要将潜能转化为显能，被社会所承认。然而，潜能是潜在的，不可能自然而然地变为显能，变为现实的成就。于是，激励就来到了两者之间，扮演着重要的角色。

激励就是教练采取有效的方法，激发运动员的训练动机，提高运动员的训练效果及训练满足的过程。因此，对运动训练的管理者来说，教练所面临的最大挑战就是如何激发运动员实现高水平的训练和比赛。诚如国家田径队原总教练黄健所言，"教练应该学会采取各种方法和心理措施振奋和激发学生，不留痕迹地消除他们的疲沓和不自信"。

一、先激后励，激励一致

激励，首先是激，激发动机，想方设法把运动员的训练热情和训练积极性调动起来；然后是励，鼓励行为，对运动员的行为、热情加以表彰，使其巩固、强化，可持续地发挥动力。

在激励过程中，激与励要一致。激与励不一致，可能会导致严重的后果。

（一）从创新先锋到落伍者

索尼公司创建于1946年，其创立宗旨是："建设理想的工厂，在这个工厂里，应该有自由、豁达、愉快的气氛，让每个认真工作的技术人员最大限度地发挥技能。"基于这样的宗旨，索尼不拘泥于已有技术，独立研究开发出前所未有"触动消费者心弦"的产品，创造全新的市场与需求，在50年间取得巨大发展。

然而，2003年4月，索尼公布2002年财政年度报表，一个季度就出现约1 000亿日元的亏损，公司巨额亏损的消息披露后，索尼危机开始浮现台面，引发了"索尼冲击"（Sony Shock），索尼股票连续2天跌停25%，并诱发日本股市的高科技股纷纷跳水，带动日经指数大幅下跌，震撼了日本股市，高科技公司的股票纷纷遭到抛售。到公司成立60周年的时候，索尼已变得满身污垢、暗淡无光。

对于问题产生的原因，索尼公司前常务董事、作家天外伺朗2007年撰文《绩效主义毁了索尼》进行了披露。

从1995年左右开始，索尼公司逐渐实行绩效主义，成立了专门机构，制定非常详细的评价标准，并根据对每个人的评价确定报酬。其做法是："业务成果和金钱报酬直接挂钩，职工是为了拿到更多报酬而努力工作。"结果是，公司内的气氛不正常了。身心疲惫的职工急剧增加。索尼不知不觉慢慢的退化。

"激情集团"不存在了。从事技术开发的团体进入忘我状态时，就成了"激情集团"。要进入这种状态，其中最重要的条件就是"基于自发动机"的行动，比如"想通过自己的努力开发机器人"，就是一种发自自身的冲动。与此相反就是"外部动机"，比如想赚钱、升职或出名，即想得到来自外部回报的心理状态。如果没有发自内心的热情，而是出于"想赚钱或升职"的外部动机，那是无法成为"开发狂人"的。

"挑战精神"消失了。今天的索尼职工好像没有了自发动机。为什么呢？我认为是因为实行了绩效主义。如果外在动机增强，那么自发动机就会受到抑制。如果总是说"你努力干我就给你加工资"，那么以工作为乐趣这种内在意识就会受到抑制。因实行绩效主义，职工逐渐失去工作热情。在这种情况下是无法产生“激情集团”的。为衡量业绩，首先必须把各种工作要素量化。但工作是无法简单量化的。公司为统计业绩，花费了大量的精力和时间，而在真正的工作上却敷衍了事，出现了本末倒置的倾向。因为要考核业绩，几乎所有人都提出容易实现的低目标，可以说索尼精神的核心即“挑战精神”消失了，公司内追求眼前利益的风气蔓延。

团队精神消失了。绩效主义企图把人的能力量化，以此做出客观、公正的评价。但事实上做不到。它的最大弊端是破坏了公司内的气氛。上司不把部下当有感情的人看待，而是一切都看指标，用“评价的目光”审视部下。于是大家都极力逃避责任。此外，索尼公司不仅对每个人进行考核，还对每个业务部门进行经济考核，由此决定整个业务部门的报酬。最后导致的结果是，业务部门相互拆台，都想方设法从公司的整体利益中为本部门多捞取好处。这样一来就不可能有团队精神。

在这个案例中，“激”等同于“你努力干”“好好工作”，激发动机，想方设法把员工的工作热情和工作积极性调动起来；“励”则等同于“给你加工资”“拿到更多报酬”，鼓励行为，对员工努力干、好好工作的行为、热情加以表彰，使其巩固、强化下来。然而，结果却适得其反，索尼公司从创新先锋到落伍者，激励不一致，外在奖励破坏了内在动机。

（二）外在奖励与内在奖励

在运动训练过程中，奖金、奖品、表扬、奖章、称号等，是外界给予运动员的外在奖励。外在奖励可分为物质奖励和精神奖励两个部分。

奖金、奖品是物质奖励，是金钱的一种形式。金钱不是万能的，但作为一种激励因素又是不能忽视的。对于运动员来说，奖金和奖品是至关重要的，它是改善其家庭生活水平的重要手段；对运动队和体育俱乐部而言，奖金、奖品可以作为吸引运动员的一种手段。只有当运动队制定了科学严谨的考核制度，能够精确地测定出运动员在队中所作的贡献，运动员得到的奖金、奖品与他所作的贡献一致时，奖金、奖品才可能成为强有力的激励因素。

表扬、奖章、称号等是精神奖励。对于那些物质条件达到一定水平的运动员，或者成就欲望强烈的运动员来说，表扬、奖章、称号的激励是首要因素，当他们相信训练竞赛具有很高的价值，社会影响极大，或者训练竞赛具有很高的挑战性时，他们就会倾注极大的热情，全神贯注地投入训练中。教练员必须为这类运动员的训练成果及时制定出适当的评价方案，如表扬，授予运动健将、十佳运动员、功勋运动员、最佳运动员等称号，以及五四青年奖章、体育运动荣誉奖章、先进个人等奖项。这些荣誉奖励会激发运动员更大的创造性和积极性。

尽管外在奖励能起到一定的激励作用，但不论是物质奖励还是精神奖励，要想获得它就需要达到设定的获奖标准。过分强调外在奖励会使人沉迷于获得奖励的喜悦之中。“赢了有奖”，会使运动员继续想要获得更多更大的奖励来满足他们不断增长的需求。久而久之，外在奖励的价值就会减少，当不再能赢，不再能获得金牌，不再能达到外界设定的标准时，运动员就会觉得继续参与运动毫无价值，此时，外在奖励便失去作用。前中国国家足球队前锋，史上第一位中超百球进球者李金羽的一段话，可以说明为什么中国足球职业化改革以来，运动员的收入增加了，但我国足球运动水平却下降了。“我开始踢球的那个时代没有职业联赛，成绩与金钱不挂钩，都在体校训练，所以球员都觉得这是自己一生中最喜欢的行业，能够踢球，特别兴奋。现在联赛兴起，小球员们身上承载的都是家人或自己关于金钱和荣誉的梦想，反倒抛开了对足球原始与纯粹的热爱。”

在运动训练过程中，运动员参与体育运动的满足、快乐、成就感、成功感等，是运动员发自内心对个人目标实现的内在奖励。这种奖励的价值更为有效、持久。在体育运动中，满足、快乐、成就感、成功感等内在奖励通过竞争获得。竞争是人类行为类型之一，是个人或群体通过自身努力超过或者压倒对方的行为。在竞争中获胜的运动员，在得到外在奖励的同时，将成为其他运动员的楷模和学习榜样，在特定时期内人们模仿他们，向他们学习，他们因众人的关注而得到极高的成就感和成功感，收获参与体育运动的满足与快乐。

内在奖励是自己对自己的奖励，不需要教练给予，教练也无法给予。教练所能做的，就是在训练和比赛时创造条件，创造平等竞争的训练竞赛环境，鼓励运动员积极投入竞争，在竞争过程中，提供运动员获得内在奖励的机会，即快乐与成功，从而达到激励的效果，推动运动员（队）运动水平的提升。

由此，教练应懂得，给予他人没有的东西能够产生激励，这种激励会使他人加倍努力，但必须注意激与励的关系，创造运动员能自我激励的条件和气氛，巧妙地利用外在奖励激发运动员的内在动机，避免激与励不一致。

二、先心后智，多说好话

激励，首先是调动人的积极性，激发人的内在潜力，把人的心鼓动起来，使运动员想出成绩，愿意出成绩；然后是发挥人的创造性，开发人的智力，使运动员能够出成绩，会出成绩。激励从调动人的积极性开始，给人自信，让人舒畅，心情开朗，人的聪明才智才能发挥出来，才会出成效，出成果。说你行，你就行；多说好话；时刻保持良好态；真理亦需巧言。这些看似朴素的道理，其实隐含了绝妙的激励艺术。

（一）说你行，你就行

罗森塔尔实验

20世纪60年代的一天，心理学家罗森塔尔来到有12个班的波士顿私立中学。他对校长声称自己最近发明一个仪器，叫“智力测量仪”，能测量每个人智商高低，甚至测量出是否是天才。他请求校长在这所学校进行测试。校长一听非常高兴并爽快地答应了。在罗森塔尔与校长交谈的时候，他让自己的助手去每一个班级，每隔8个人记1个人名，进行分段抽样。第二天，浩浩荡荡的一队人马开进学校，有专家、有助手、有仪器、有设备，阵容庞大，在学校对每位学生进行测试。经过一天的工作，测试完毕，罗森塔尔将测试结果交给校长，告诉校长哪些人智商高，一年以后会成材，并嘱咐校长一定要保密。

9个月之后，校长高兴地给罗森塔尔先生打电话，告诉他这些学生成绩出色，创造性思维超过老师，很多老师都解答不了他们的问题。校长在电话中称赞“智力测量仪”的精确，并请罗森塔尔先生原谅保密工作没有做好，在罗森塔尔先生走后不久教师和学生就知道了测试结果。

罗森塔尔先生没有责怪校长，只是告诉他，其实没有什么“智力测量仪”，他只是每隔8个人抽取1名学生，是校长、老师、学生自己的心理暗示起了作用。

罗森塔尔实验应了中国人的一句话，“说你行，你就行”。“说你行”就是教练对运动员表达出来的高期望值、高信任度。当这种高期望、高信任通过各种明示和暗示传达给运动员时，就会调动起运动员的积极性，使运动员想方设法调整自己，发挥创造性，实现教练对他们的期望，变成“你就行”（图4-1）。

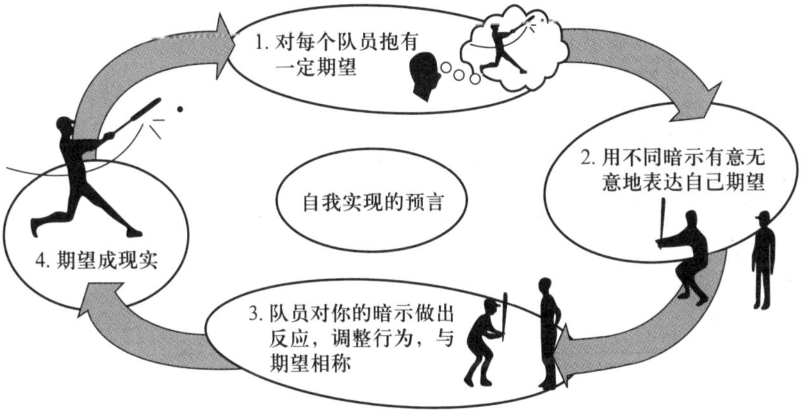

图 4-1　利用语言建立自我实现的步骤

（二）心态的作用

秀才赶考

很久以前，有位秀才再次进京赶考，住在一个去年住过的店里。考试前两晚睡觉中他梦到自己在墙上种白菜，梦到下雨天他戴了斗笠还打伞，梦到跟心爱的表妹脱光了衣服背靠着背躺在一起。

一觉醒来，秀才赶紧去找算命先生解梦。

算命的一听，连拍大腿说："你还是回家吧。你想想，高墙上种菜不是白费劲吗？戴斗笠打雨伞不是多此一举吗？"

秀才一听，心灰意冷，回店收拾包袱准备回家。

店老板非常奇怪，问："不是明天才考试吗，今天你怎么就回乡了？"

秀才如此这般说了一番，店老板乐了："哟，我也会解梦的。我倒觉得，你这次一定要留下来。你想想，墙上种菜不是高种吗？戴斗笠打伞不是说明有备无患吗？"

秀才一听，这个解梦更有道理，于是精神振奋地参加考试，最后，中了探花。

从秀才赶考的故事中，我们可以得到这样启示：有什么样的想法，就有什么样的未来。早晚能成功的人一定是那些认为自己能够成功的人。诚如拳王阿里所言，"冠军不是在体育馆里造出来的。冠军来自他们自己深层的东西——愿景、梦想和想象。冠军必须具有技能和意志，但意志一定要强于

技能”。由此，对运动员一定要多鼓励，高期望值，高度信任，激励为主，约束为辅。

（三）多说好话

当运动员漂亮地完成一个动作，打好一场比赛，国内教练员的赞扬话语常常会是“不错”“还行”“可以”。而同样的场景，国外教练员常常使用“Very good！”（太好了！）、“Wonderful！”（太棒了！）、“Excellent！”（优秀）。其激励效果的差距可不一样。

朱广沪巴西见闻

我们住的地方对面就有学校，有一次我看了他们一堂绘画课。老师给每个学生发了一张纸，告诉学生想到什么，愿意画什么，就画什么。

第一位学生画完后到老师面前，画的是足球比赛，球打进了，球员跳起来手在上面。我看了这位学生画的画，不怎么样，可老师说太好了，优秀。

然后再叫一个上来，孩子就把他想的什么东西画在纸上，说出来，老师一看说这太好了，三年以后你肯定比这画得还要好。

通过这个事情，我看到他在鼓励学生，激发学生的创造力和想象力。

可是去巴西以前，我感觉我的训练太过于凶，可以这样说，太凶，甚至有时候挫伤了球员的自尊心，有骂，甚至打，我觉得我和人家一比差距太大了。

在巴西，球场上教练与球员的模式也几乎与老师和学生的模式一样，所以我悟出一点，他们的球员为什么敢做动作，而我们的球员在很多方面却畏畏缩缩，不敢做。

从朱广沪的巴西见闻，我们可以感受到，要想调动运动员的积极性，发挥运动员的创造性，就应该对运动员的训练和比赛多肯定，多鼓励，多说好话。

俄罗斯科学院医学家从1994年开始研究言语信息对免疫系统的影响。研究显示，积极的话语不仅能够愉悦人的心情，还能够改变血液成分，增加能量，提高细胞免疫力。此外，还可以改变脱氧核糖核酸的结构。比如，“爱、善、平静”等一些词语的作用非常明显。人的细胞仿佛能听得到这些词语，开始产生免疫物质。医学家得出结论：人听到的好话越多，身体就越健康，事业也就越成功。

不仅人的细胞能感受到好话的激励，就连我们平时吃的米饭，也有同样的感受。日本研究水结晶的I.H.M综合研究所的江本胜博士主持，对风姿各异的水结晶进行了10年研究。研究发现水能听，水能看，水知道生命的答案。其研究结果在《水知道答案》一书中，书中介绍了如下实验：

我曾经在负责的杂志上，让读者做过这样一个实验。他们在两个瓶子里装上米饭，每天对其中的一个瓶子不断地说“谢谢”，对另一个瓶子则每天不断地说“浑蛋”，一个月后，看看它们都会发生什么变化。于是，不少小学生每天放学后便开始和两个瓶子里的米饭说话。

过了一个月后，“谢谢”瓶子里的米饭呈现出一种发酵似的样子，而“浑蛋”瓶子里的米饭，则腐臭变黑了。

我在数年前出版的水结晶摄影集里介绍了这个实验，结果全国几百个家庭也做了同样的实验。每个家庭都得出了相同的结果，但其中有一个家庭尝试着做了与别人不同的实验。这个家庭除了分别对两个瓶中的米饭说“谢谢”与“浑蛋”外，还另外准备了一个放进了米饭的瓶子，但既不贴标签，也不和它说一句话，就是对它置之不理。

结果如何呢？对它置之不理的那个瓶子里的米饭，甚至比骂“浑蛋”的米饭还腐烂得更快。这个实验被很多人重复，也都得到了相同的结果。也就是说，对它置之不理比鄙视它伤害更大。

由此可见，批评、鄙视甚至冷漠，都是阻碍运动员的发展，身为教练，自然要避免这些低级错误。

（四）真理亦须巧言

读到这里，有教练一定会问，明明运动员做得不对，难道也要说好话吗？看下面的小故事，你就明白了。

国 王 解 梦

国王梦见自己的牙齿都掉了。于是，一觉醒来，他召来一位智者为他解梦。

智者说：“陛下，您很不幸，每掉一颗牙齿，就意味着您会失去一位亲人。”

国王大怒，他令人重打这位智者100大板。

国王下令召来另一位智者。

智者说："高贵的陛下，您真幸福呀！这是个吉祥的梦，意味着您会比您的亲人长寿。"

国王大喜，令人奖赏这位智者100个金币。

从两位智者的回答中，可以看到，两人的答案表达含义一模一样，即掉牙意味着失去亲人，意味着国王留下。但由于两人回答方式不同，得到的结局却不一样，一位受罚，一位嘉奖。由此启示我们表达方式很重要。真理就像一块石头，如果拿起来扔到别人的脸上，就会造成伤害；如果加上精美的包装，诚心诚意的奉上，对方必然当成珍贵的礼物欣然接受。

曾执教我国国家男子足球队主教练米卢就懂得正面鼓励的作用。在中国执教的两年期间，对外总是谈队员优点，从不谈球队的弱点。他说"我对有关中国足球的事很谨慎，对中国足球不利的事，我从来不讲。我知道怎么保护中国的足球事业，尽管有不足、有问题，但为了共同的目标，我们应该多讲积极的方面，使中国足球的发展有更好的环境和气氛"。

在用人上，米卢同样注重队员相互间的激励和影响。

在墨西哥走马上任之初，米卢对墨西哥队队长泰纳非常器重，可一次比赛后，米卢坚决地撤销了他的队长职务，令他的助手们都感到有些奇怪。

原来，米卢在报纸上读到了一则关于泰纳的赛后专访。那次比赛墨西哥队输了球，泰纳在接受采访时指名道姓责怪自己队友的失误，批评几名队员导致了最终的失利。

米卢看了非常生气，认为泰纳没有履行队长的职责，他希望泰纳能够改正错误。结果泰纳不仅不理解主教练的做法，而且继续表示自己的不满，连队员们都感到有些无法忍受了。

在新一期的集训名单中，泰纳的名字消失了。虽然当时很多人提出了质疑，足协内部也有不同意见，但米卢坚持自己的主张，"如果一名队员连自己的队友都无法给予最起码的尊重，他便没有团队精神，那他怎么能继续为这个队伍服务呢？"

最终的世界杯阵容名单里，泰纳也还是榜上无名。

从调动积极性到发挥创造性，需要多说好话，巧言真理，不吝美辞，善用批评。赞美要真诚，赞美要据实，赞美要及时，赞美要经常。批评对事不对人，不要用"人家都说你"等话；批评只批评具体行为，不要动辄定

性；批评时要情感认同，以便对方容易接受；批评要针对有错者可以控制的行为，把握时机和对象。赞美与批评的关系是，有夸有打，先夸后打，明夸暗打，多夸少打。

三、先我后他，相互激励

激励，首先是激励自己，如果自己没有必胜的信心，就不能使运动员有胜利的信心；自己没有对执教的投入，就不能调动运动员对训练的投入；然后是激励他人，用自己的激情感染运动员，让运动员在教练的影响下自我激励，相互激励，你超我，我赶你，形成强烈的激励氛围，克服困难，赢得胜利。

（一）自我激励

自我激励，是激励的最佳状态。这种状态下，激励主体和激励客体在人的身上实现了内在统一。这种情况下，激励主体和激励客体都不再需要他人激励。

第一次龟兔赛跑中乌龟的获胜就得益于自我激励。

龟兔赛跑，明摆着是看乌龟的笑话。然而，处在劣势的乌龟，自己激励自己，不气馁，不松懈，坚持到底，等待对手犯错误，等待机会的出现。果然，赛程中兔子睡觉了，乌龟第一。

我们曾经谈过著名教练袁伟民自我激励的经典案例，在他的回忆中，生动地记述了自己执教生涯中最难忘、最难熬的时刻，一次类似第一次龟兔赛跑的经历。再次回顾这个故事，可以深度理解自我激励对于争胜的巨大效果。

从一个 0∶3 到六个 3∶0[①]

“我最难忘的时刻，不是最激动、最幸福的时刻，而是我最痛苦、最难熬的时刻。那就是 1982 年，在秘鲁女排世界锦标赛预赛上，我们 0∶3 输给美国队之后的六天六夜。用我们队员后来开玩笑的话说：这六天六夜，简直不是人过的日子。”

“当时的情况是我们已经拿了世界杯冠军，全国人民希望我们能再拿世界锦标赛冠军。可是预赛刚刚打响，我们就以 0∶3 惨败给美国队。”“我们

---

① 袁伟民．我的执教之道［M］．北京：人民体育出版社，1988．

将带着这个0∶3的负分进入下面的比赛，它意味着在复赛中，我们不仅必须全胜，还要不失一局，否则命运就有可能掌握在人家手里，就有可能即使一场不输也进不了前四名。”

“我知道，这时，多少双眼睛望着我，我的情绪直接影响着队员打下面比赛的信心，我的表现也可能成为对方分析中国队状况的参考资料。我的一言一行，甚至一个表情，都有可能产生反响。”

“最最难熬的是，内心的苦涩、焦虑和不安，丝毫也不能溢于言表。每天进进出出，仍要笑嘻嘻、礼貌地与对手打招呼；还要显得很乐观、很自信，用自己的情绪去感染队员。我生平第一次尝到了当‘演员’的滋味，当这样的‘演员’又是多难啊，可我必须这么做，我也确实这么做了。”

“从复赛、半决赛到决赛，六场比赛场场是硬仗，每一场都如履薄冰，……我们终于不靠天、不靠地、不靠对手，靠自己摆脱困难，从逆境中走出来了，接连夺得六个3∶0，又一次扣开了世界冠军的大门。”

从一个0∶3到六个3∶0，袁伟民教练就像龟兔赛跑中的乌龟，面对常人眼中的“不可能”，把内心的苦涩、焦虑和不安隐藏起来，显得很乐观、很自信，靠自己摆脱困难，从逆境中走出，连夺六个3∶0，发挥了自我激励的巨大作用，用自己的情绪感染了队员，最终将不可能变成可能。

（二）相互激励

哈里斯教会中国男篮永不放弃

雅典奥运会小组赛中，中国男篮负于西班牙、阿根廷、意大利。2004年8月23日晚，在小组赛最后一轮比赛中，中国男篮以67∶66掀翻世界冠军塞黑队，以小组第四的身份奇迹般地晋级奥运会男篮八强。

中国男篮为什么会赢得这场几乎赛前没有人看好的比赛？赛后，中国男篮主教练哈里斯跟记者谈起了他为这场比赛所做的努力。

哈里斯说：“昨天晚上在11时，我走出奥运村的公寓，我当时准备去奥运村里的资料图书馆的录像中心找新西兰队战胜塞黑队的录像。走出公寓的时候我就想，我这么做值得吗？我到底是去还是不去？我去或者不去对这场比赛的胜负会有什么影响吗？我想了很长时间，最后我还是决定去找这个录像。”

“今天早上我在准备会上所做的事情，就是把新西兰队和新西兰队战胜塞黑队的录像剪辑放给队员们看。我需要告诉队员们的是，即使你输球、输了25分，又连输这么多场，你们也不能放弃。”

在赛后举行的新闻发布会上，哈里斯破例带领姚明、刘炜和李楠三位球员一同出席。面对记者，

李楠说："就是因为哈里斯，我才明白什么叫永不放弃。我们前面输成那样，但哈里斯始终在努力，他一切都像从前一样准备，自己还在那儿剪辑录像带给我们看，分析塞黑队的特点和弱点。如果不是他这么执着，他不组织我们了，不看录像了，那今天绝对就赢不了了。"

刘炜说："今天的比赛可以让别人对我们重新认识，这是哈里斯教给我们的态度。"

姚明说："哈里斯用三个月的时间给我们上了一堂人生课，就是什么时候都不要放弃。我认为我们至少给后面很多球员留下了一笔财富，这笔财富是哈里斯带来的。我发现今天用得最多的一个词，就是'没有放弃'。"

这个故事告诉我们，教练的一言一行对运动员的暗示或明示作用是不可忽视的，当教练自我激励，有必胜的信心，就能影响运动员，使运动员也激励起来。因而，教练一定要用积极的心态、振奋的精神、必胜的信念来激励自己，激励运动员，形成相互激励的良好氛围。

四、先零后整，赤字激励

激励，首先要把运动员一个一个的激励起来，然后才能激励团队。然而，在激励中往往注重团体激励，却忽略了个体需求的差异。"我喜欢与队员个别接触，这有助于加强与球员之间一对一的联系。他们有时会被忽略，因为我们花太多的时间与集体在一起。"芝加哥公牛队教练菲尔·杰克逊如是说。针对不同需求而进行个别化的激励，你就离一流教练不远了。

（一）激励永远是个别化的

金昶佰的故事

1999 年到 2008 年韩国人金昶佰执教中国女曲九年。九年中，金昶佰以超人的敬业精神和优雅的个人魅力带领中国女曲从默默无闻到登临世界之巅，赢得了"魔鬼"教头、慈祥"父亲"的称谓，获得了女曲运动员的尊敬。"在训练中，我会坚决按我的原则带队；在生活中，我会真心地把队员当成自己的孩子来关爱。"金昶佰这样说。

2000 年奥运出征前，代表团给每个队发了防晒霜，多数项目的教练随

便发给了队员，金昶佰特意将队员召集起来说："代表团连这么小的事情都替我们想到了，我们该怎么办？"

2002 年釜山亚运会中韩女曲决战在即，两队分列球场两侧。金昶佰手捧 100 朵红玫瑰出现在赛场中央，微笑着径直走向队员唐春玲，双手将鲜花献给她。因为那天唐春玲迎来了她的第 100 场国际比赛。

金昶佰将每个队员的生日牢记在心，亲自挑选女孩子喜爱的服装、化妆品、鲜花等作为礼物。如果有队员结婚，他会不远千里出席婚礼，并送上自己最真诚的祝福。

为了帮助队员尽快恢复体力，金昶佰自己去找一些上等的牛尾和牛蹄，连夜给队员们熬汤喝。

有时候外出比赛，金昶佰看到好玩的或者好吃的，就会给队员们买，每人一份。

从金昶佰的故事可以看到，给队员献花，问候队员的生日，出席队员的婚礼，给队员熬汤，给队员买衣物、化妆品、买好吃的、买好玩的，和队员谈心、散步，拍拍队员的肩膀，对队员说句表扬的话或是严厉的斥责和批评等，都是激励，是个别化、个性化的激励。这种随时随地的激励，既及时有效，又不耗费很多资源，可谓性价比高。

（二）需要是分层次的

在英超感受孙继海

2003 年 1 月，北京晚报记者李立在英国曼切斯特采访了在英超踢球的中国球员孙继海。下面是两人间的一段对话：

记者："现在感觉你几乎是'职业化'了，照你这种势头，是不是在英超会发展得更好？"

孙："我来这里就是跟自己比，要超越自己，挑战自己。如果说讲收入、讲生活，国内肯定更安逸、更稳定一些。我为什么会抛弃很多足球以外的东西到这里来，就是希望在事业上能够战胜自己。来这里是对自己一种更高的挑战。因为我感觉自己在国内几乎没有上升的空间了，但来这里空间很大，或许有人说我只是英超的二流、三流球员，甚至不入流，但对于我来讲，踢不踢比赛，表现得好不好并不重要，我只是觉得自己天天在进步，这就是我来这里的目的。"

孙继海的回答让人感到意外，到英超踢球不讲收入，不讲生活，踢不踢比赛，表现得好不好并不重要，重要的是觉得自己天天在进步。真是匪夷所思。然而，孙继海的回答却印证了一个科学的理论，即马斯洛的需要层次理论。

美国心理学家亚伯拉罕·马斯洛于1943年在《人类激励理论》论文中提出人类基本需求层次理论。这个理论认为，人的动机可划分为生活需要、安全需要、社交需要、尊重需要和自我实现需要五个层次。

生理需要包括吃、穿、住、性等身体需要。在所有需要中，生理需要是最基本的，当一个人什么也没有时，首先要求满足的就是生理需要。

安全需要包括对人身安全、环境安全、就业保障、经济保障等需求。当一个人生活或工作在不安之中时，身心难免受到伤害，积极性很难调动起来。

社交需要包括获得友谊、爱情和归属感的需要。每个人都希望得到别人的关心和爱护，希望成为社会的一员，在他所处的群体中占有一个位置，否则就会郁郁寡欢。

尊重需要包括自尊心、成就感等内在尊重的需要和认同以及受重视等外在尊重的需要。每个人都有一定的自尊心，这种需要得到满足，就会使人感到自信、有价值、有力量、有能力。若得不到满足，就会感到自卑、软弱无能，从而情绪沮丧，失去自信。

自我实现需要包括个人成长、发挥个人潜能、实现个人理想的需要。这是最高层次的需要。当人的其他需要得到基本满足以后，就会产生自我实现的需要，尽可能地去实现自己的愿望。

从马斯洛的需要层次理论可以看到，首先，人的需要是有层次的，当下一级需要在相当程度上得到满足时，上一级需要便成为人追求的目标。其次，人的需要是物质和精神相结合的，随着需要层次的提高，精神激励越来越重要。

对于运动员而言，今天可能需要物质激励，明天就可能需要信任激励，后天则可能需要关怀激励、尊敬激励。因而，作为教练，如果要想激励运动员，就必须了解运动员特定阶段的主要需要，设法为这一需要或其上一级需要的满足提供条件，抓住主要需要，并按照运动员不同的需求层次，采取不同的激励手段，从而有效地激励运动员，如表4–7所示。由此，我们就不难理解孙继海到英超踢球的目的为什么是“觉得自己天天在进步”了。这就是一种优秀运动员自我实现的需要。

▶ **表 4–7 分层激励**

层次	表现	激励手段
生理	生理上的满足	提高工资待遇，增加奖金，改善条件，定期体检，增加娱乐
安全	就业的保障	职业稳定，职务安定，保险，股份
社交	被社会接纳	邀请出席特殊场合，成为特殊小组成员，处于关键岗位，工作轮换
尊重	自尊、受到重视	公开奖励表彰，授予称号，公开场合露面，为高层委员会服务，得到提升
自我实现	使潜能得到发挥	领导特殊任务，承担教育培训工作，出外考察交流，接受高级培训

至于人为什么会有这些不同层次的需要，美国耶鲁大学心理学家阿吉里斯教授在他的研究中，为我们提供了思路。阿吉里斯认为，人所需要的东西，所追求的目标，往往决定于他的成熟程度。而一个健康的人，从不成熟向成熟发展，需要经历从被动到主动、从依赖到独立、从办事方法很少到办事方法很多、从兴趣浅薄到兴趣深刻、从目光短浅到目光长远、从从属地位到平等地位或优越地位、从缺乏自我意识到有能自我控制等 7 个方面变化。[①] 如果教练在训练中不考虑运动员成熟度的高低，总是把运动员当成不成熟的个体加以对待，就会影响运动员的积极性。因为不同成熟程度的运动员，其价值观不同，需求也不同。教练应该根据运动员的成熟程度，采用不同的管理方法，并创造条件使运动员在训练比赛中锻炼、成长，充分发挥其积极性，否则运动员就会变得忧虑、沮丧，甚至将会以违背训练目标的方式行事。

由于个体不一样，因而激励永远是个别化、差异化，必须根据运动员的需要进行。我国历史上登记亏损皆用红笔，称入不敷出为“赤字”，而运动员的需要即是“赤字”，对运动员的激励就应为“赤字”激励。

思考题

1. 面对相同的刺激，个体为什么会有不同的反应？

① [美] 克里斯 · 阿吉里斯. 个性和组织 [M]. 郭旭力，鲜红霞，译. 孙非，审校. 北京：中国人民大学出版社，2007.

2. 教练应创造什么样的环境以便让运动员健康成长?
3. 你所执教的运动项目特点对运动员的成长有何影响?
4. 不同时期儿童青少年的身心特点有哪些?
5. 执教时，你重视运动员之间的差异吗？如何利用运动员之间的差异?
6. 训练时，如何能够让运动员主动倾听?
7. 执教时，你最常用的沟通方式是什么?
8. 对于运动员来说，为什么内在奖励比外在奖励更重要?
9. 怎样才能更好地调动运动员的积极性和创造性?
10. 你对运动员的表扬与批评是如何进行的?
11. 教练应如何有效调整好自己的心态?

第五章

制订训练计划，实施多维评价

本章导读

训练计划是有效实施训练的依据，按照训练计划对训练效果的多维度评价构成了训练的反馈环节。在这一章中，你将了解制订训练计划的意义、依据和流程，以及训练计划的内容、格式、划分、安排与评价。

学习目标

1. 了解制订训练计划的依据、流程。
2. 熟悉训练计划的内容、格式与分类。
3. 掌握训练计划的安排与评价。

第一节 训练计划的制订

要想获得良好的训练和比赛效果，关键在于训练的科学性，而体现科学性的一个重要方面是训练计划。

制订训练计划是整个训练工作中不可缺少的重要环节。训练计划是对未来的训练工作事先做出理论性设计，使训练工作有目的、有步骤地朝着规定的目标（远大蓝图）发展，从而促进技术水平的提高，创造优异的运动成绩。

由于竞技运动对抗紧张、激烈且技战术复杂多变，所以要求对运动员必须进行多年的系统训练，并且运用有关运动训练学及多方面的科学知识和手段（包括录像、高速摄影、电子计算机、各种数据和指标）预先制订切实可行的训练计划。

制订训练计划要有预见性，即在广泛调查研究和摸清情况的基础上，科学安排训练工作，避免主观性，使主观设计与客观情况接近或吻合，并在客观实践中验证，不断加深和理解对运动训练规律的认识，总结经验，提高训练的质量与效果。

一、制订训练计划的依据

（一）竞技训练工程结构

竞技训练工程结构主要由训练工程结构和参赛工程结构综合构成。训练工程结构主要由训练过程规划、训练过程实施、训练过程监控三大环节构成；参赛工程结构主要由赛前竞技策划、赛中竞技实战和赛后竞技评价三大环节构成。从工程角度分析，优异运动成绩的创造就是竞技训练工程的竣工标志。因此，竞技训练工程是通过科学制订训练过程规划蓝图、提高训练过程实施质量、强化训练过程监控功能、缜密策划赛前竞技谋略、充分彰显竞技实战水平和认真做好赛后竞技评价六大环节推进训练工作。训练过程是在认真规划、科学实施和有效监控的过程中完善；参赛工程是通过参赛策划、大赛历练和赛后评估等环节实现取得优异运动成绩。因此，竞技运动训练过程始终应当置于过程有规划、实施有依据、全程有监控的工程构建模式当中。

（二）训练过程分期理论

现代竞技运动优异成绩的获取和优秀运动员的成长历程表明，运动训练过程是一个内容复杂、周期较长的系统工程。从时间跨度的序列角度看，整个训练过程可以分解为单元训练（课）、日训练、周训练、阶段训练、周期训练、年训练、多年训练等不同时间跨度的训练过程。其中，前一个过程都嵌套在后一个过程之中，后一个过程都是若干前一过程的有机串联。根据优秀运动员不同时期的成长特点和训练目的，可以将整个训练过程分为兴趣启蒙、专项初级、专项提高、创造优异成绩、保持运动寿命 5 个训练时期。当然，不同训练时期都由多年训练过程组成。由于不同时期的运动专项特征和训练目的各不相同，各个训练时期的任务、内容、重点也不同。由此可见，正确认识和科学掌握竞技运动训练分期理论，是制订不同类型训练计划的重要依据。

（三）竞技状态形成机理

竞技状态是指运动员适时获取理想成绩的最佳状态。竞技状态表现的显著特征就是竞技能力的和谐与优异成绩的突破。竞技能力是由机能、素质、技术、战术、心理、智力等重要因素构成，它既是竞技状态形成的基础条件，又是运动训练主要内容。竞技状态是竞技能力的和谐体现，是运动竞赛的表现形态。一般认为，竞技状态形成机理主要是由超量补偿原理和重大赛事制度决定。正因如此，竞技状态呈周期变化，即竞技状态从获得到保持再到消退这一过程都是周而复始循环往复地螺旋式提升。由于运动超量补偿效果取决于负荷与恢复的作用，重大赛事制度的安排取决于赛程和规则的设计，因此，竞技能力的发展进程和竞技状态的出现时机与训练计划科学设计和科学实施休戚相关。由此可见，正确认识和掌握竞技状态的形成机理，是制订不同类型训练计划的重要依据。

二、制订训练计划的流程

（一）确定赛季主要目标

选出赛季的一个目标，使教练能够构建整个训练计划来达到目标。这是运动员奋斗的目标。建立清晰的赛季目标可以给予运动员内在激励。

（二）确定运动员优势和弱点

教练可以根据不同运动员的优势和弱点安排训练。这个过程可以使教练优先对不同运动员的训练计划进行区分，而且运动员可以主要针对自己的弱点进行练习，弥补不足。

（三）采用训练周期模式

周期训练方法的好处有：第一，一种训练方法不可能持续很长时间，训练计划的改变有助于激励运动员，以防运动员对训练产生厌倦。第二，大部分运动项目需要平衡发展力量、速度、灵敏、柔韧、耐力等素质，周期训练可以使教练在训练中侧重每一个因素。

（四）确定训练计划中每一个阶段目标

教练须认真安排每一个训练阶段，训练目标与训练阶段相辅相成。每一个训练阶段的目标可以明确地提出来，比如是提高耐力（最大吸氧量）还是改进身体姿势。明确说明每一个阶段的训练目标，这样运动员可以明确奋斗的方向。尤其在冬季训练，运动员训练激情开始衰退，明确训练目标对于提高运动员的积极性特别有用。

（五）确定训练周期达到目标的最佳方法

一旦确定了训练目标，教练就应该考虑如何在训练计划中安排练习。同时，还要确定最佳检测方法，以监测运动员的训练效果。如果训练目标是提高上肢力量，那么最适宜的检测方法是让运动员举起一次最大重量或重复仰卧推举 5 次最大重量。如果训练目标制定得较为笼统，如提高意志力，那么测定就比较困难。对运动员训练前后情况进行对比，可以为教练员提供定性的反馈信息，甚至能评分或认定运动员的训练成绩。在评估运动员的训练效果中，要尽量客观。当训练目标较难判定时，主观评定比什么都不说更好。

（六）确定每次练习活动内容

制订训练计划，教练要问自己两个问题。第一，这是达到目标的有效方法吗？第二，这是不是达到目标的较安全的方法。再看一下增加上肢力量作为训练目标的例子，仰卧推举是专门性练习，但是仰卧臂拉起、引体向上也适合发展上肢力量。关键是确定哪种练习最有效和安全，练习内容是如何与运动项目、运动员的经验和身体状况要求相联系的。

（七）确定不同练习部分的结合

如果练习内容正确，运动员通过不断的练习达到训练目标。如果练习内容不正确，在遵循（一）至（六）阶段时，就要修改练习内容。正确的练习内容是制订科学的训练计划的本质。

第二节　训练计划的内容、格式与分类

一、训练计划的内容

尽管不同类型的训练计划在内容上有各自的特殊要求和侧重点，但基于不同时间跨度的运动训练过程的基本结构一样，即使是不同训练过程的设计、不同的训练计划也有着许多共同之处。

（一）训练计划的基本内容

运动训练过程可以归纳为准备性、指导性、实施性、控制性四部分，训练计划的基本内容应涵盖这四部分。制订多年训练计划和年度训练计划时，应特别重视指导性部分；制订周计划、课计划时，应认真考虑实施性部分。

1. 准备性部分

对运动员起始状态进行诊断和确立训练任务与指标。运动员起始状态指运动员的专项成绩、机体机能、身体素质、身体形态、心理、智力、品德等方面的指标在上一训练过程中的最佳状态，以及上期训练计划完成情况和制订新训练计划时的现实状态。确定训练任务与指标需要在分析新训练目标的基础上，建立新训练目标，包括多年训练目标、全年训练目标及阶段训练目标、参加各主要比赛的专项成绩指标、各训练阶段的考核水平的评定、各竞技能力及综合能力的具体指标等。

2. 指导性部分

根据训练计划的目的、目标和各阶段训练任务与指标来制订符合当前形势与阶段特点的整体训练框架及训练趋势。

3. 实施性部分

主要解决训练过程中训练内容的安排与相应训练方法和手段的选择，以及各训练手段的负荷量、负荷强度的要求及协调，同时兼顾负荷后应如何恢复，采用什么方式方法进行恢复。

4. 控制性部分

对运动训练过程实行控制，以达到科学化、智能化训练的目的，包括训练的系统性、训练安排的多样化和精细化、运动负荷定量化、恢复训练、训练手段方法综合运用、心理智能训练及调控、女子训练男性化调控等。

（二）训练计划的共有内容

训练计划的共有内容包括运动员的现实状态，训练指导，训练过程的阶段划分，各阶段的主要任务与要求，比赛的安排，运动负荷动态变化的趋势，训练的方法和手段，各训练手段的负荷要求，恢复措施，检查评定的内容、时间及标准，等等。

（三）训练计划的特有内容

训练计划的特有内容包括确定每名运动员的训练任务及指标，制订左手运动员的训练方法与手段，根据不同类型打法划分训练周期，特长技术与技术全面的兼容并蓄，创新技术与改革打法的相互辉映。

二、训练计划的格式

多年训练计划、年度训练计划、周期训练计划、阶段训练计划、小周训练计划的格式主要分为文字和表格式两种。这里主要介绍表格式训练计划格式范例（表 5–1、表 5–2）。

三、训练计划的分类

运动训练过程划分是指将整个运动训练过程，根据优秀运动员竞技能力提高的规律和不同时期训练目标的需要，合理地分解成不同的训练时期。从系统工程建设的角度来看，可将优秀运动员从启蒙基础训练阶段直至保持运动寿命阶段分解成相应的工程建设期（图 5–1）。由此可见，全部训练过程划分既是遵循竞技能力发展规律和满足不同训练时期目标要求的需要，又是整个竞技训练工程科学推进的工期安排。两者内部的过程分期与工期划分具有高度的相似性和类比性。

表 5-1 年度训练计划范例

<table>
<tr><td colspan="2">运动员姓名</td><td colspan="52">训练目标</td></tr>
<tr><td colspan="2" rowspan="2"></td><td colspan="9">成绩</td><td colspan="8">测试 / 标准</td><td colspan="9">体能准备</td><td colspan="8">技术准备</td><td colspan="9">战术准备</td><td colspan="9">心理准备</td></tr>
<tr><td colspan="9">1. 全国锦标赛 =1
2. 世界锦标赛 = 5
3. 比赛获胜率 85%</td><td colspan="8">1. 垂直线 =70 厘米
2. 肌肉耐力循环时间 =18 分钟
3. 灵敏性 =25%</td><td colspan="9">1. 增强一般肌力
2. 增强肌肉耐力
3. 提高肩柔韧性</td><td colspan="8">1. 改善接发球
2. 增进发球与准确性
3. 提高所有比赛技术</td><td colspan="9">1. 提高拦网能力
2. 增进队形与流畅</td><td colspan="9">1. 提高心理注意力
2. 建立自信心与果断</td></tr>
<tr><td rowspan="2">日期</td><td>月份</td><td colspan="4">8 月</td><td colspan="5">9 月</td><td colspan="4">10 月</td><td colspan="4">11 月</td><td colspan="5">12 月</td><td colspan="4">1 月</td><td colspan="4">2 月</td><td colspan="4">3 月</td><td colspan="5">4 月</td><td colspan="4">5 月</td><td colspan="4">6 月</td><td colspan="5">7 月</td></tr>
<tr><td>日</td><td>5</td><td>12</td><td>19</td><td>26</td><td>2</td><td>9</td><td>16</td><td>25</td><td>30</td><td>7</td><td>14</td><td>21</td><td>28</td><td>4</td><td>11</td><td>18</td><td>25</td><td>2</td><td>9</td><td>16</td><td>23</td><td>30</td><td>7</td><td>14</td><td>21</td><td>28</td><td>4</td><td>11</td><td>18</td><td>25</td><td>4</td><td>11</td><td>18</td><td>25</td><td>1</td><td>8</td><td>15</td><td>22</td><td>29</td><td>6</td><td>13</td><td>20</td><td>27</td><td>3</td><td>10</td><td>17</td><td>24</td><td>1</td><td>8</td><td>15</td><td>22</td><td>29</td></tr>
<tr><td rowspan="2">比赛安排</td><td>国内</td><td></td><td></td><td></td><td></td><td></td><td></td><td></td><td></td><td></td><td></td><td></td><td></td><td></td><td></td><td></td><td></td><td></td><td></td><td></td><td></td><td></td><td></td><td></td><td></td><td></td><td></td><td></td><td>□</td><td>□</td><td>□</td><td></td><td>X</td><td>X</td><td>X</td><td>X</td><td>X</td><td>X</td><td>X</td><td>X</td><td>X</td><td>X</td><td></td><td>◢</td><td></td><td></td><td></td><td>■</td><td></td><td></td><td></td><td></td><td></td></tr>
<tr><td>国际</td><td></td><td></td><td></td><td></td><td></td><td></td><td></td><td></td><td></td><td></td><td></td><td></td><td></td><td></td><td></td><td></td><td></td><td></td><td></td><td></td><td></td><td></td><td></td><td></td><td></td><td></td><td></td><td></td><td></td><td></td><td></td><td></td><td></td><td></td><td></td><td></td><td></td><td></td><td></td><td></td><td></td><td></td><td></td><td></td><td></td><td></td><td></td><td></td><td></td><td></td><td></td><td></td></tr>
<tr><td rowspan="10">周期</td><td>地点</td><td></td><td></td><td></td><td></td><td></td><td></td><td></td><td></td><td></td><td></td><td></td><td></td><td></td><td></td><td></td><td></td><td></td><td></td><td></td><td></td><td></td><td></td><td></td><td></td><td></td><td></td><td></td><td></td><td></td><td></td><td></td><td></td><td></td><td></td><td></td><td></td><td></td><td></td><td></td><td></td><td></td><td></td><td></td><td></td><td></td><td></td><td></td><td></td><td></td><td></td><td></td><td></td></tr>
<tr><td>训练阶段</td><td colspan="27">准备期</td><td colspan="20">比赛期</td><td colspan="5">T</td></tr>
<tr><td>肌力</td><td colspan="12">功能适应</td><td colspan="12">最大肌力</td><td colspan="6">转移为爆发力</td><td colspan="17">维持</td><td colspan="5"></td></tr>
<tr><td>耐力</td><td colspan="9">有氧耐力</td><td colspan="9">专项耐力</td><td colspan="12">专项比赛耐力</td><td colspan="17">维持</td><td colspan="5"></td></tr>
<tr><td>速度</td><td colspan="15"></td><td colspan="15">反应时间</td><td colspan="17">维持</td><td colspan="5"></td></tr>
<tr><td>技术</td><td colspan="11">修正基础技术</td><td colspan="10">高级技术准备</td><td colspan="26">模拟比赛</td><td colspan="5"></td></tr>
<tr><td>心理</td><td colspan="11">目标设定</td><td colspan="10">发展补偿战略</td><td colspan="26">模拟比赛战略</td><td colspan="5"></td></tr>
<tr><td>营养</td><td colspan="12">平衡饮食</td><td colspan="12">高蛋白、高脂肪、低卡路里</td><td colspan="6">高碳水化合物</td><td colspan="17">高碳水化合物</td><td colspan="5">平衡</td></tr>
<tr><td>阶段划分</td><td colspan="4">1</td><td colspan="5">2</td><td colspan="3">3</td><td colspan="3">4</td><td colspan="3">5</td><td colspan="3">6</td><td colspan="3">7</td><td colspan="6">8</td><td colspan="4">9</td><td colspan="7">10</td><td colspan="2">11</td><td colspan="4">12</td><td colspan="5">13</td></tr>
<tr><td>小周期</td><td>1</td><td>2</td><td>3</td><td>4</td><td>5</td><td>6</td><td>7</td><td>8</td><td>9</td><td>10</td><td>11</td><td>12</td><td>13</td><td>14</td><td>15</td><td>16</td><td>17</td><td>18</td><td>19</td><td>20</td><td>21</td><td>22</td><td>23</td><td>24</td><td>25</td><td>26</td><td>27</td><td>28</td><td>29</td><td>30</td><td>31</td><td>32</td><td>33</td><td>34</td><td>35</td><td>36</td><td>37</td><td>38</td><td>39</td><td>40</td><td>41</td><td>42</td><td>43</td><td>44</td><td>45</td><td>46</td><td>47</td><td>48</td><td>49</td><td>50</td><td>51</td><td>52</td></tr>
</table>

续表

运动员姓名	训练目标													
高峰指数	4	3	3	2	2	1	2	1	2	1	2	2	1	5
测试日期														
医疗控制日期														
休息														
训练要素	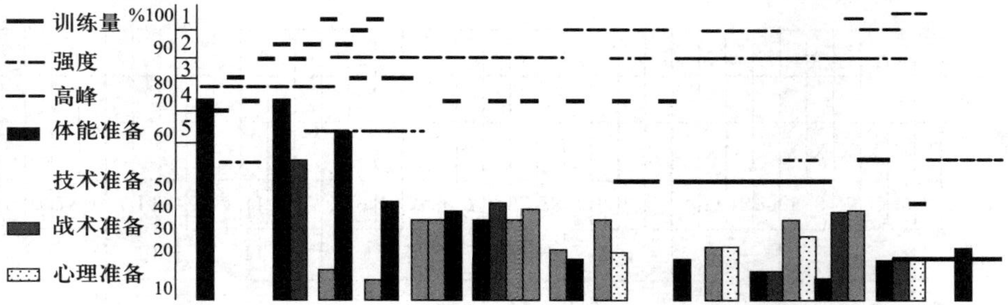													

（引自：[美] 图德·邦帕，[美] 格雷戈里·哈夫. 周期——运动训练理论与方法 [M]. 李少丹，李艳翎，译. 北京：北京体育大学出版社，2011.）

▶　**表 5–2　阶段训练计划范例**

<table>
<tr><td colspan="16">训练目标：
指导思想：</td></tr>
<tr><td colspan="16">现实状态：</td></tr>
<tr><td colspan="2">阶段划分</td><td colspan="7">第一阶段</td><td colspan="7">第二阶段</td></tr>
<tr><td colspan="2">体能训练
内容手段</td><td colspan="7"></td><td colspan="7"></td></tr>
<tr><td colspan="2">技能训练
内容手段</td><td colspan="7"></td><td colspan="7"></td></tr>
<tr><td colspan="2">心智训练
内容手段</td><td colspan="7"></td><td colspan="7"></td></tr>
<tr><td colspan="2">月份</td><td colspan="5">一</td><td colspan="5">二</td><td colspan="4">三</td></tr>
<tr><td colspan="2">周次</td><td>1</td><td>2</td><td>3</td><td>4</td><td>5</td><td>6</td><td>7</td><td>8</td><td>9</td><td>10</td><td>11</td><td>12</td><td>13</td><td>14</td></tr>
<tr><td rowspan="6">检查性指标</td><td>X_1</td><td></td><td></td><td></td><td></td><td></td><td></td><td></td><td></td><td></td><td></td><td></td><td></td><td></td><td></td></tr>
<tr><td>X_2</td><td></td><td></td><td></td><td></td><td></td><td></td><td></td><td></td><td></td><td></td><td></td><td></td><td></td><td></td></tr>
<tr><td>X_3</td><td></td><td></td><td></td><td></td><td></td><td></td><td></td><td></td><td></td><td></td><td></td><td></td><td></td><td></td></tr>
<tr><td>X_4</td><td></td><td></td><td></td><td></td><td></td><td></td><td></td><td></td><td></td><td></td><td></td><td></td><td></td><td></td></tr>
<tr><td>X_5</td><td></td><td></td><td></td><td></td><td></td><td></td><td></td><td></td><td></td><td></td><td></td><td></td><td></td><td></td></tr>
<tr><td>X_6</td><td></td><td></td><td></td><td></td><td></td><td></td><td></td><td></td><td></td><td></td><td></td><td></td><td></td><td></td></tr>
<tr><td colspan="2">生理监控项目</td><td></td><td></td><td></td><td></td><td></td><td></td><td></td><td></td><td></td><td></td><td></td><td></td><td></td><td></td></tr>
<tr><td colspan="2">医务检查项目</td><td></td><td></td><td></td><td></td><td></td><td></td><td></td><td></td><td></td><td></td><td></td><td></td><td></td><td></td></tr>
<tr><td colspan="16">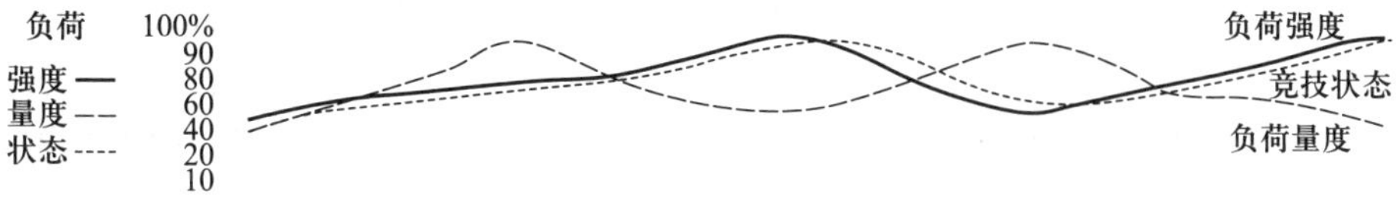
</td></tr>
<tr><td colspan="16">基本措施：</td></tr>
</table>

（引自：国家体育总局科教司. 现代教练员科学训练理论与实践［M］. 北京：人民体育出版社，2015.）

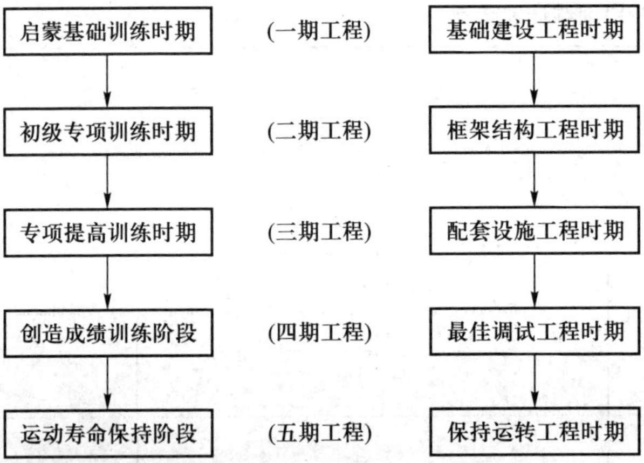

图 5-1 不同训练时期示意图

（引自：国家体育总局科教司．现代教练员科学训练理论与实践［M］．北京：人民体育出版社，2015.）

通常，优秀运动员创造优异运动成绩的成长时期特点是一年入门、三年成形、五年成材、八年成器。例如，乒乓球的训练周期节奏一般分为四年打基础阶段（少儿训练阶段）、四年提高阶段（青少年训练阶段）、十二年达到竞技阶段及保持竞技阶段（成年训练阶段）。由此可见，优秀运动员成长历程的各个阶段多数情况下都须历经多年的训练过程。全部训练过程的划分主要依据竞技能力提高规律、各个时期训练任务和各个阶段的时间跨度三个要素。相对而言，竞技训练工程工期的划分不仅需要依据上述三个要素，还需要根据工程结构的内部要素布局各个工期的内容和进度。

由于训练过程的分期和多年训练过程的细化，现代运动训练计划相应地可以分为单元训练计划、周训练计划、阶段训练计划、周期训练计划、年训练计划、多年训练计划。其中，前一种训练计划都是依据后一种训练计划的任务和时间划分而定的。例如，一个阶段训练计划既是周期训练计划的组成部分，也是小周训练计划制订的依据。

由表 5-3 可知，6 种训练计划的特点并不相同。一般认为，多年训练计划、年度训练计划和周期训练计划的特点相对具有框架、稳定和远景性的特点。阶段训练计划、小周训练计划，特别是单元训练计划（训练课教案）则具有现实、具体和多变性特点。应该说，不同时期的训练计划具有不同的内容、功能与目的。认识和掌握这些训练计划的主要内容、功能与目的，是现代教练员科学驾驭训练过程的关键。

▶　表 5–3　不同训练计划

计划特点	计划种类	计划功能	时间跨度
远景、稳定、框架	多年计划	远景目标规划	2~8 年以上
	年度计划	中期目标规划	1~3 个周期
	周期计划	近期目标规划	3~6 个月
	阶段计划	较为详细设计	1~3 个月
	周计划	确定内容重点	7 天左右
现实、多变、具体	单元计划	具体训练方案	1~3 小时

（引自：国家体育总局科教司．现代教练员科学训练理论与实践［M］．北京：人民体育出版社，2015．）

（一）多年训练计划

多年训练计划是长期训练计划的一种，其特点是远景式的、原则性的、概括式的框架性结构。

（二）年度训练计划

由于年度训练通常被作为组织多年系统训练的基本单位，因此它是各种计划中最重要的计划，它的作用是承上启下。年度计划须确定训练周期的划分和周期中各时期、各阶段的训练要点和主要内容安排。

从一个年度中所含的周期的数量，可把年度计划分为单周期、双周期和多周期训练计划。

1. 单周期

以一年为一个周期，整个年度作为一个周期。

2. 双周期

以半年为一个周期，一年有两个周期。

3. 多周期

以一季度为一个周期，一年有四个周期；以一个月为一个周期，一年有十二个周期。

确定周期的主要根据是各种比赛的安排，如一年有四次比赛（巡回赛、邀请赛、等级赛等），就可将一年分为四个周期。每个周期可分为准备期、比赛期和休整（过渡）期三个部分。准备期和比赛期又可分为若干个阶段。

在制订训练计划时，要特别注意各个时期、各个阶段的衔接，以保持训练的连续性。

（三）阶段训练计划

阶段训练是指全年训练中特定时间范围内的训练。通常为在半个月至半年之间。从阶段训练和全年训练的关系来看，可将阶段训练划分为两种类型。一种是作为完整的全年训练过程中的一个有机组成部分，即一个时期或一个特定阶段的训练。另一种则是指中短期临时性集训。从训练的角度来看，后者表现出更加突出的阶段性和独立性。在地区性比赛之前，经常组织这种中短期的临时性集训。

一个阶段的训练过程可以看作是若干个周训练过程的组合。这些周训练过程，既有各自的鲜明特点，又彼此连接，互相依存。在系统的全年训练过程中，常常为完成某一个特定的训练任务而制订连续几周的专门阶段训练计划，如加量的阶段训练计划，加强度的阶段训练计划，发展最大力量的阶段训练计划，连续比赛的阶段训练计划。每个阶段训练计划都由一组具有独立任务的周训练计划构成。

在实际训练过程中，要从运动员的具体情况出发，根据阶段训练的任务、指标及整个阶段所包含的周次，恰当设计好阶段训练的结构。

第三节 训练计划的安排与评价

一、训练计划的安排

（一）训练内容和手段的安排

确定不同的训练内容和手段及其比例，以及安排好它们之间的顺序是制订周训练计划时应重点考虑的问题之一。关于重点训练内容与全面训练内容的适宜比例，一般来说，随着训练水平的提高，重点训练内容的比例越来越大；而训练水平越低，全面训练内容则越来越大。关于训练手段的系统性与变化性的合理运用也是这样。随着训练水平的提高，训练手段的系统性越来越强；在训练水平较低的时候，训练手段的多样性则更为突出。前者是在系统中注意变化，后者则是在变化中保持系统。因此，在训练过程中，优秀运动员的训练内容要重点突出，训练手段系统性要强，同时相应注意内容的全面性和变化性；相反，少年运动员训练内容要全面，训练手段的变化性要大，在此前提下，适当安排重点训练内容和注意训练手段的系统性。

关于训练内容的合理顺序，一般来说在机体得到充分恢复后应进行发展协调、速度、快速力量和最大力量的练习，在局部疲劳的情况下可进行发展速度耐力、力量耐力和一般耐力的练习。另外，在训练的进行过程中，一般在训练的开始阶段和前半段多进行发展协调、速度、快速力量和最大力量的练习，在后半阶段进行发展速度耐力、力量耐力和一般耐力的练习。

（二）训练负荷的安排

安排训练负荷需要考虑构成训练负荷的训练手段、方法，以及负荷量、负荷强度排列组合的顺序及层次，考虑具有不同训练形式产生生理作用的恢复过程所需要的时间，注意不同训练形式及内容需交替进行，避免局部负荷过重，并使训练能系统的进行。

（三）训练节奏的安排

大多数训练负荷的恢复需要1~3天，所以，在实践中形成了把一周的训练分成两个部分来安排，这叫做计划性的两个阶段（在训练中称为双高峰）。通常以周三或周四为界限，并在两个阶段之间安排一些积极性休息或调整进行过渡。从实践看，两个阶段的安排多用于周训练。此外，应当注意超量恢复的集合安排。比赛周的训练安排要求运动员竞技能力的各个方面都在比赛时处于最佳状态，但不同的负荷又有不同的恢复时间，所以为了在比赛时表现最高的竞技状态，就应该力求把不同性质的负荷内容分别安排在周训练计划的不同训练日，以求不同竞技能力的超量恢复集中出现在比赛日。

二、训练计划的评价

（一）训练计划评价的目的

对训练计划进行评价，不仅要关心运动员的成绩，而且要发现和发展运动员的潜能，了解运动员发展中的需求，帮助运动员认识自我，建立自信。因此，对训练计划评价要了解运动员的训练情况与表现。教练不仅要了解运动员的体能与运动技能的情况，更要了解运动员在训练过程中的行为表现、个人的努力程度，判断运动员在训练中存在的不足。对于运动员在训练过程中体能、技能、行为、态度、人际交往等方面表现出来的不足进行分析，找出原因，努力改进教练的教和运动员的学，为运动员提供展示自己的机会。通过对训练计划的评价，让运动员在充分展示运动才能的过程中，体验训练中成功的乐趣与喜悦，增强训练的自信心，这有助于运动员积极投入运动训练中。

（二）训练计划评价的管理思路

在传统的训练中，教练经常采用表格进行统计，如出勤情况、运动员训练考核情况、月末报告单上要反馈训练情况等，这种形式简便有效。本章中介绍的一些评价基本都用表格，进一步说明表格式评价便于操作，而且成了一种趋向。例如，以单项为单位，每个运动员一张评价表格，进行多元化评价，最终形成每人一本评价档案。

（三）训练计划评价的内容和方法

对运动员运动参与情况可从出勤和训练态度两方面进行评价。出勤记录具体课时，对因病、因事请假缺勤的运动员，不必补足缺训总课时，补练内容学完为止。对无故缺训的运动员在课上补足课时。训练态度主要包括训练不迟到、不早退；训练目的明确，态度认真；能够剖析自我，提出新的目标，并努力实践；精神集中，勤于思考，勇于实践，认真质疑；自觉锻炼，克服惰性；在锻炼中善于观察，发现规律；对某些运动项目感兴趣，且稳定、持久。一般采取自评、小组评、教练评的形式，采用好、一般、还需努力来划分评价等级。

对运动技能的评价，可根据训练目标进行技术评定和达标测试，评价采用a、b、c等级制，进步幅度由教练根据日常观察做记录（分大、中、小三级）。对理论知识和相关能力的考核内容的评价，可根据训练目标决定，具体情况的反馈可采取以小组或个人为独立单位的理论考核、专题答辩等形式，还可采用等级制和教师评的方法进行。对体能方面的评价可根据训练目标决定，采用a、b、c等级制评价，进步幅度由教练根据日常观察做记录（分大、中、小三级）。

身体健康、心理健康、社会适应这三个方面的评价内容，根据训练目标决定，采用自评、小组评和教练评的形式，按照好、一般、还需努力三种定性形式评价。

运动员在训练中的突出成绩可由运动员自己填写。

每个项目要设置定期考核。体能结合平时训练教学完成；运动技能（技评达标）采用一月完成；训练目标要提前向运动员公布，以便运动员自己设置个人训练目标；技能要求和体能要求要统一。

思考题

1. 不制订训练计划就无法取得好成绩吗？为什么？
2. 制订训练计划的依据以理论为主，还是以运动员为主？
3. 各类训练计划的共同之处是什么？
4. 结合某项目竞赛安排，制订一个阶段训练计划。

第六章

科学指导训练，有效参赛指导

本章导读

科学指导运动员训练，有效帮助运动员程序化参赛是教练必备的关键能力。在这一章中，你将了解体能训练和技能训练的基本理论知识，熟悉体能训练的测试方法，知晓比赛时期训练计划的内容与设计要求。

学习目标

1. 熟悉体能训练与技能训练的基本理论知识。
2. 熟悉体能训练的测试方法。
3. 知晓比赛时期训练计划的内容与设计要求。
4. 理论与实践相结合，形成科学指导训练的实践操作能力。

第一节 体能训练指导

体能是以人体三大供能系统为能量代谢活动的基础，通过骨骼肌做功所表现出来的运动能力。体能既是人体的基本运动能力，也是竞技能力的重要组成部分。体能训练的直接任务就是根据运动项目的需要不断提高运动功能，改善身体机能和身体形态，并使之适合运动项目的要求，确保机体的体能状态适应比赛中技战术应用的需要。

通常情况下，体能是通过速度、力量、耐力、协调、灵敏和柔韧等素质表现出来的，而且人体在运动时能量供应是通过三大能量代谢系统的供能和神经、骨骼、肌肉等系统的协调工作来实现的。训练比赛所需要的速度、力量、耐力、协调、灵敏、柔韧等素质，是通过改善能量代谢，改善神经、肌肉、骨骼等系统的功能来实现的，并使之符合运动项目的需求。由于不同的运动项目对能量代谢以及神经、肌肉、骨骼等系统的功能存在差异，而人体是一个复杂的系统，任何一个运动项目都不可能单纯依靠某一个能量代谢系统的工作来完成能量供应，而是三大能量代谢系统相互协同完成能量供应。因此，进行体能训练时，首先要了解运动形式，安排与运动项目相符合的能量代谢供应方式的训练，改善神经、骨骼、肌肉等系统的功能。

一、体能训练的意义

体能训练是专项训练的重要组成部分。不同项目的运动员力求在训练过程中运用各种训练方法和手段，改善身体形态，提高机能水平，发展运动素质，提高运动成绩。体能与技术、战术、心理和智能密切相关，良好的体能是技战术训练和提高运动成绩的基础，是运动员承受大负荷训练和高强度比赛的前提条件，也是运动员在训练和比赛中保持稳定心理状态的物质保障。同时，它也是增进健康，预防伤病，延长运动寿命的物质基础。

在体育运动中，体能是一种满足运动需求并实现最佳竞技状态的能力。通常情况下，体育运动对体能的需求要高于日常生活。比如，在极端环境条件下，运动员要在两个多小时内跑完 26 英里，这也就意味着要以 13 英里 / 小时的速度进行高强度跑步。

有些运动项目如高尔夫、射箭、射击，从表面上看，似乎对体能的要求并不高，但其实这种看法不准确。因为从事这些运动项目的运动员甚至要通过更高水平的体能训练才能提高竞技表现能力。例如，丹·兰德斯和他同事（1980）发现，世界上最好的射击运动员能在两次心跳之间的间隔扣动扳机，以排除心跳引起的轻微震动带来的影响。这就要求射击运动员提高体能，降低心率，才更容易在心跳间隙扣动扳机。

体能不是一成不变的，它是身体在某一时间的一种状态。很多运动员都有这样的体验，当不能持续进行系统训练时，原有的体能水平就会迅速下降。由于体能水平具有波动性，教练常常采用周期性训练以保障运动员的体能在重要比赛中处于巅峰状态。因此，可以通过规范化了的体能训练程序或步骤，不断调整机体状态进而提高竞技能力。体能训练是一个缓慢、稳定的过程，在这个过程中运动员需要耐心地积累体能以便适应高强度的运动需求。尽管这个过程不可能一蹴而就，但它可以被优化。

体能训练的益处有：保持更好的竞技状态；减少在长时间的训练或比赛中的疲劳；有助于大强度训练或比赛后迅速恢复；减少肌肉酸痛；有助于在更长时间内更好实施技战术；减少受伤的可能性；防止精神上的疲劳并且有助于集中注意力；有助于受伤后更快恢复；增强自信心，相信身体已为比赛做好了准备；更好地享受超常发挥、获得更多胜利和减轻疲劳的快乐。

二、体能训练的内容

（一）动作准备

动作准备分为肌肉动员、神经系统激活、动态拉伸和动作整合四部分（图 6-1～图 6-4）。与传统热身方式不同，现代体能训练的动作准备不仅仅是一项简单的热身活动，而是一个整体性的训练方式，动作由简单到复杂，由静态到动态，由双脚站立到单脚支撑，由动作的单一平面到多维度，由神

动作准备

图 6-1　臀肌动员

图 6-2 神经系统激活

图 6-3 动态拉伸

图 6-4 动作整合

经肌肉的单一反应到复合反应，刺激关节、肌肉、韧带等，使得练习者能够在运动中最大限度地发挥自身运动能力。

（二）基础性力量训练

力量是基础素质，力量训练是体能训练的重要组成部分。基础性力量训练主要包括上肢基础力量训练、下肢基础力量训练以及全身基础力量训练，也叫全身动力链训练，这三种力量训练以推、拉、旋转的动作模式进行。

（三）躯干支柱力量训练

躯干支柱力量训练是体能训练的核心内容之一，躯干支柱包括了肩部、躯干和髋部。躯干支柱力量训练强调的是在做动作时要保持正确的身体姿态，并对四肢动作达到有效控制，它是对所有动作控制的一种整合。通过躯干支柱力量训练既可以提高运动支柱的稳定性，又提升了动力链传递的效能，更为重要的是它不仅能够降低运动损伤的概率，还能够有效预防运动过程中的能量泄露，提升能量向四肢传递的效益和速率，进而提高四肢动作的力量、速度和精准度。动作示例如图 6-5~图 6-7。

躯干支柱力量训练

图 6-5 俯桥练习

图 6-6 侧桥练习

图 6-7　背桥练习

（四）旋转力量训练

旋转力量训练可分为旋转稳定性训练和旋转爆发力训练。旋转稳定性是指在动作过程中，躯干支柱部位（肩关节、脊柱和髋关节）保持正常解剖位置而不出现相对移动的能力。旋转爆发力是指在保持腰椎和腰骶关节面稳定的前提下，通过髋关节和胸椎的旋转快速发挥肌肉力量的能力。旋转稳定性训练的目的是提高躯干支柱的稳定性，训练目标是躯干支柱部位的深层肌肉；旋转爆发力训练的目的是提高躯干支柱部位的爆发力，训练目标是躯干支柱部位的浅层肌肉。前者是后者的基础，后者是前者的升华。动作示例如图 6-8。

旋转力量训练

由内（深层肌肉）到外（浅层肌肉）是发展旋转爆发力的首要原则。深层肌肉多由慢肌纤维构成，是维持躯干姿势的主要动力源，应通过低负荷和慢动作频率的练习方式来提高其保持关节稳定性的能力；浅层肌肉多由

图 6-8　旋转力量训练动作示例

快肌纤维构成，应采用向心和离心收缩的方式提高其参与身体大幅度运动和对抗高负荷的能力，动作速度快，负荷强度高是训练浅层肌肉的典型特征。同样的动作，因为负重不同往往会收到不同的训练效果。当外在负荷小于 40% MVC（最大肌肉力量）时，中枢神经系统将动员深层肌肉参与运动；相反，如果缺少该环节的准备，或直接借助外在负荷（>40% MVC）进行旋转爆发力量训练，中枢神经系统将动员浅层肌肉参与运动。当浅层肌肉产生的肌肉力量超过深层肌肉所能承受的范围时，也就是运动员损伤发生的时候。这种情况可以用跑车来举例：浅层肌肉象征着跑车的高马力引擎，而深层肌肉则代表着跑车的刹车系统。强劲的动力可以让跑车在很短时间内达到最高速度，但糟糕的刹车系统却可以瞬间导致车毁人亡。这也解释了为什么旋转稳定性训练是旋转爆发力训练的基础，离开旋转稳定性训练谈旋转爆发力训练如同无源之水，无本之木，违背了运动训练的循序渐进原则。

在设计旋转爆发力训练方法与手段时应考虑以下两个方面：第一，优先进行稳定训练，而后进行非稳定训练；第二，优先动员少量关节参与运动，而后增加参与运动关节数。

（五）快速伸缩复合训练

肌肉在离心（拉长）收缩后紧接着进行向心（缩短）收缩的力量练习称为快速伸缩复合训练，如投掷前的“引枪”、体操的“团身”、足球射门前的“预摆”。快速伸缩复合训练的目的是利用肌肉与肌腱的自然弹性成分与牵张反射，增加后续动作的输出功率。从机械模型来看，肌肉和肌腱产生的弹性势能会因为快速伸展而增加并暂时储存，然后在紧接着的向心收缩阶段中释放出来，增加整体输出能量。从神经－生理模型来看，快速伸缩复合训练利用牵张反射引发的向心收缩增强作用，肌梭快速侦测出肌肉伸展的速率和长度变化后，激发形成反射性肌肉动作，增加力量输出。快速伸缩复合训练可以提高动作速度和整体爆发力，提高运动过程中能量使用效率（跑步经济性），有利于将最大力量转化为爆发力，整合全身力量而形成“整劲”。

▶ 快速伸缩复合训练

快速伸缩复合训练可以依据负荷强度的等级分类。最大强度快速伸缩复合训练包含超高强度的激烈肌肉收缩形式，一般由跳深和其不同变化所组成。非最大强度快速伸缩复合训练由低等强度到中等强度的训练组成，包括除了跳深以外的大部分训练动作。另外，快速伸缩复合训练内容可以是以冲击为导向的动作（如跳跃、蹦跳、跨步跳、增强式伏地起身），此类动作与地面或其他物体的接触，对肌肉的收缩形式做可逆的刺激；也可以是非冲击导向的动作（即直接做打击、猛推、投掷、传、抛），此类动作属于开链动向，换句话说，离心时相期和向心时相期并没有因直接与其他物体接触而增加。快速伸缩复合训练动作示例如图 6-9。

图 6-9 快速伸缩复合训练动作示例

进行快速伸缩训练时，要考虑其他因素对训练安全性、训练效应以及训练个性化的影响。这些因素包括热身练习、年龄、基础力量、平衡能力、训练状态、地面、可用的设备等。

（六）最大速度与多方向移动训练

速度是指人体（或身体的某个部位）进行快速移动的能力。从生理学角度来看，速度指肌肉工作时，用最短时间完成动作的能力。它包括对各种刺激快速反应的能力、快速完成动作的能力和快速移动的能力三个部分。在运动竞赛中，有些速度类运动项目如田径中的短跑、短距离游泳等实际上就是比赛者最大速度的较量。有些运动项目虽然不是比最大速度，但动作速度的快慢对运动成绩有直接影响，如投掷运动员要用最短时间发挥全身力量，将器械抛出一定的远度；拳击、击剑等运动员要在运动中伺机快速出击，既要击中对方，又要防躲被对方击中，这要求具有快速敏捷的动作速度。所以，速度素质在体能训练中占有重要地位，任何一种运动项目都离不开速度训练。最大速度训练动作示例以及多方向移动练习方式示例如图 6-10～图 6-14。

▶ 最大速度与多方向移动训练

图 6-10 速度练习

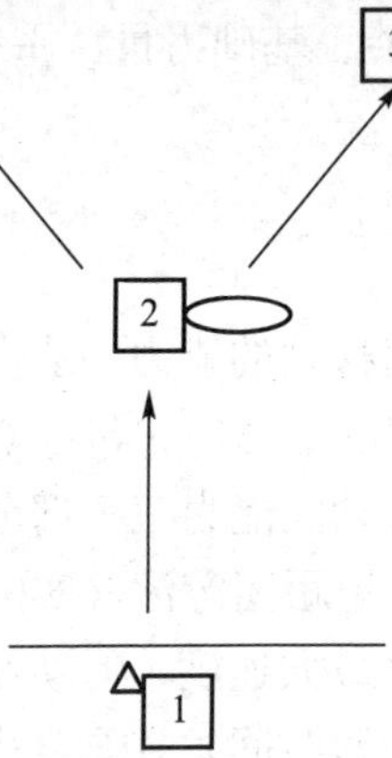

图 6-11 Y 字形跑

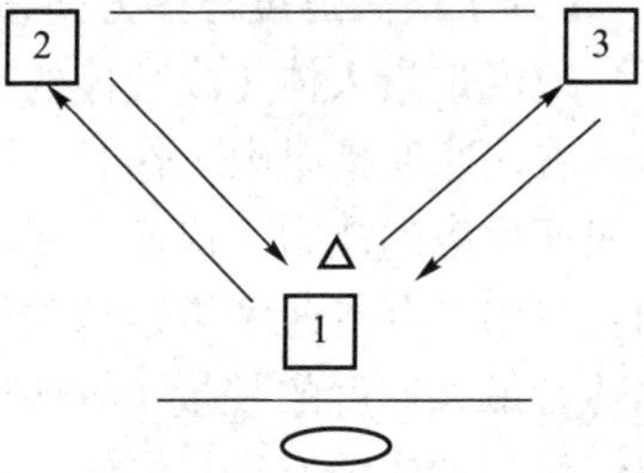

图 6-12 三角形跑

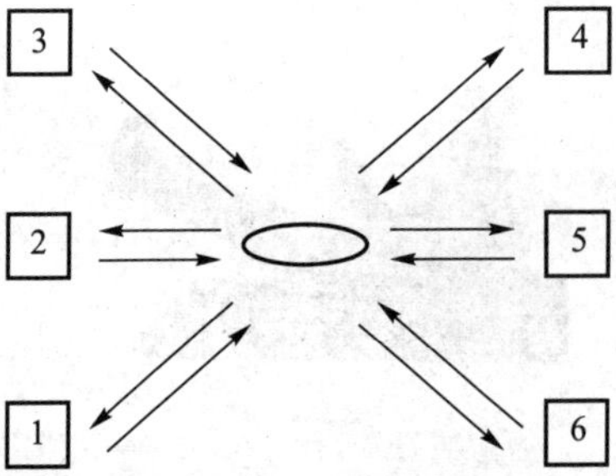

图 6-13 米字形跑

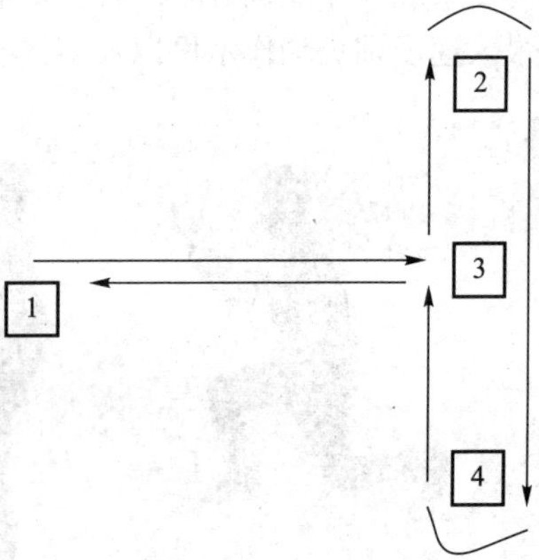

图 6-14 T 字形跑

（七）平衡能力训练

平衡是指人体所处的一种稳定状态，以及不论处在何种位置、运动状态或者受到外力作用时，能自动调整并维持姿势的能力。当人体重心垂线偏离稳定的支持面时，能立即通过主动的或者反射性的活动使重心垂线返回到稳定的支持面内，这种能力称为平衡能力。平衡能力包括静态平衡和动态平衡。静态平衡是指人体在无外力的作用下，保持某一姿势，自身能控制身体平衡的能力，主要依赖于肌肉的等长收缩与关节周围的肌肉协调收缩来完成。动态平衡是指在外力作用于人体或身体原有平衡被破坏后，人体需要不断地调整自己的姿势来维持新平衡的一种能力，主要依赖于肌肉的等张收缩来完成。

人体在维持自身平衡时，需要全身各个部位相互协调配合，是身体进行自我综合调节的一个复杂过程。影响人体平衡能力的主要因素有视觉、前庭器官的功能、本体感觉、触觉的输入和敏感度、中枢神经系统的功能、视觉及空间的感知能力、肌肉之间的协调能力、肌肉力量与耐力以及关节的灵活度和软组织的柔韧度。这些因素中，任何一个因素的缺失，都会影响人体的平衡能力。通过一些方法和手段，能够有效提高人体的平衡能力。

平衡能力训练是指通过各种方法和手段训练、加强人体维持平衡能力，其中包括体育锻炼。通过训练，激发人体姿势反射，加强前庭器官的稳定性，从而改善平衡功能。平衡训练要遵循一定的规律，尤其是青少年，在进行平衡能力训练时要遵循循序渐进原则，避免因跨难度训练而造成不必要的损伤。在平衡能力训练中应注意以下几点：一是从静态平衡开始训练，逐渐过渡到动态平衡训练；二是逐渐加大平衡训练难度，可以通过缩小支撑面积、提高身体重心、改变支撑面的稳定程度以及施加外力等方法增加训练难度；三是从最稳定的体位开始训练，逐步向最不稳定的体位过渡，从坐立位、双腿跪姿、前后分腿跪姿、前后分腿蹲姿到站立位逐渐过渡；四是在保持身体平衡的基础上，逐渐增加躯干和四肢的运动；五是从睁眼状态下的活动，逐渐过渡到闭眼状态下的活动。平衡能力训练动作示例如图 6-15。

（八）灵敏与协调训练

灵敏性又称灵敏素质，是指个体在突然变换的条件下，快速、协调、准确地完成动作的能力。它是个体的运动技能、神经反应和运动素质在运动过程中的综合表现，这是因为各专项的每一个动作都不同程度地体现了力量、速度、耐力、柔韧等素质。因此，灵敏素质是建立在运动素质和运动技

图 6-15 平衡能力训练动作示例

能之上。通过力量特别是爆发力，控制身体的加速或减速；通过速度，特别是爆发速度，控制身体移动、躲闪、变换方向的快慢；通过柔韧，保证力量、速度的发挥；通过耐力，保证持久的工作能力。这些素质的综合运用才能保证动作熟练，而动作熟练必须在中枢神经的支配下才能运用自如。神经反应决定了反应速度，决定了判断是否准确，决定了对随机应变及时做出应答动作的快慢。因此，反应迅速快、判断准确、及时做出应答动作是良好的灵敏素质的先决条件。运动素质协同配合是完成应答动作的基础，应答动作的熟练程度直接体现了灵敏素质的高低。

灵敏素质练习应在身体状态好和神经兴奋性高的情况下进行，一般安排在训练课的前半部分或准备活动时。练习时要严格控制时间，并按要求改变动作的速度。绳梯训练是一种有效提高灵敏性的方法，示例如下：

➢ 强度：中等或中等偏上，要求动作完成得既轻松又协调。
➢ 时间：10~20 分钟。
➢ 间歇：完全恢复或基本恢复。
➢ 次数：1~2 次为宜。
➢ 组数：2~3 组。

协调性又称协调素质，是指机体不同系统、不同部位、不同器官协同配合完成技术动作的能力。协调能力是形成运动技术的重要基础。运动协调能力是综合的神经机能能力，其表现形式是运动协调。人体运动协调能力由反应能力、空间定向能力、本体感知能力、节奏能力、平衡能力、动作认知能力等多种要素构成。

（九）再生与恢复

再生与恢复也是一堂训练课的组成部分，在实施再生与恢复训练过程中不仅要进行肌肉的拉伸与放松，还可以进行按摩、营养补充、水疗灯等。一般在训练后进行积极性恢复的再生，但同时在训练之中也可穿插进行再生与恢复练习，即训练—保养—再训练。再生与恢复训练是一个系统工程，不仅在训练课时要重视，在日常生活也要注意如注意休息和饮食，养成良好的生活习惯。通过在训练和生活两方面双管齐下，再生与恢复效果才能得到保障。

在运用泡沫轴和按摩棒进行再生与恢复训练时，要注意顺序应由下而上、从大到小、先浅后深，即先从下肢开始，由下而上依次到腰背部、上肢；先大肌肉群，再对小肌肉群进行处理；先放松浅层肌肉，之后是深层肌肉。恢复与再生练习也可以安排在训练过程中。比如在力量训练中，有的运动员觉得肩部肌肉较紧，那就会通过按压和梳理肩部后再进行力量训练，即训练—保养—再训练。积极性恢复是一种小强度练习，通常运用在训练过程中、训练完成后或作为训练课的一个独立部分。大量研究证明积极性恢复对训练效果具有重要作用。只有在小强度放松训练期内实现真正的放松恢复，才能更好地完成后面大强度的训练任务。训练后的慢跑、游泳、户外骑行、“空中漫步机”练习、“反重力跑步机”练习等，都是积极性恢复。再生与恢复训练示例见图 6–16。

图 6–16 再生与恢复训练动作示例

三、体能训练的科学基础

（一）生理学基础

1. 能量代谢系统

肌肉收缩的直接能源是三磷酸腺苷（ATP）。骨骼肌中ATP的储量很少，ATP一旦被分解，便迅速由肌肉中的另一高能磷酸化合物磷酸肌酸（CP）分解释出能量，将二磷酸腺苷（ADP）再合成为ATP来补充能源。CP储量也不多，每千克肌肉约17 mmoL，只能满足几秒钟剧烈运动的需要。肌肉中CP的再合成则要靠三大能源物质的分解。因此，运动所需的能量由三种不同方式的供能系统提供，即磷酸原系统（CP-ATP系统）、糖酵解系统和有氧系统。大多数运动都是在三大供能系统共同参与下完成的。三大供能系统的供能方式、供能特点、运动项目见表6-1。

▶ 体能训练的生理学基础

▶ 表6-1　三大供能系统

供能系统	磷酸原系统	糖酵解系统	有氧系统
供能方式	CP + ADP → ATP + C	葡萄糖 + ADP + Pi →乳酸 + ATP	葡萄糖（脂肪、蛋白质）+ADP + Pi → CO_2 + H_2O + ATP
供能特点	供能快但储量少，不需要氧，不产生乳酸，功率高，时间短	供能较少、较快，不需要氧，产生乳酸，时间较短	供能多、较慢，氧充足，不产生乳酸，时间长
运动项目	高强度、时间少于10秒的运动，如100米、举重	高强度、时间1~2分钟的运动，如400米、体操	耐力运动，时间可长达2分钟以上，如长跑

2. 心血管系统

系统的运动训练可以引起心脏结构和功能的相应改变，这是对运动的一种适应性反应。运动训练对心血管机能的影响主要表现在心脏体积、心肌微细结构、心肌收缩力、心输出量、心力储备、心率和血压等方面。

心输出量是指每分钟由心室收缩射入动脉的血量，等于每搏输出量与心率的乘积，是评定心脏功能最重要的指标之一。运动时，由于交感神经活动加强，迷走神经活动减弱，同时肾上腺髓质分泌肾上腺素和去甲肾上腺素增多，血液中儿茶酚胺浓度升高，使心率加快，心肌收缩能力加强，每搏出量增加，心输出量增加；调动更多的肌纤维参与收缩，充分发挥骨骼肌的挤压作用，促进静脉回流，加大心室舒张期的充盈，增加心肌收缩的初长度，也使心输出量增加；肌肉活动增多造成外周阻力增加，同时耗氧量增多，引起心率加快，这些变化都会使心肌活动加强，心输出量特别是每搏出量增加。运动中体位的改变也会引起静脉回流量的变化，心输出量随着机体代谢需要而增长的能力称为心力储备，代表着心脏的训练水平。安静状态下，正常人心输出量与运动员区别不大，为 5 升左右；剧烈运动时，由于运动员心肌收缩力大，每搏出量优势明显，因而心输出量可增加到 30 升以上，从事有氧运动项目的运动员增加更多。通过运动训练，可适当增加心力储备，但不是很明显。

运动时心率加快是血液循环机能变化中最易察觉的表现。心率主要受神经活动的调节，并且与耗氧量存在线性关系。此外，本体感受器受到刺激也会对心率起到调节作用。

动脉血管弹性是影响血压的重要因素之一。经常参加体育锻炼或训练，可以使动脉血管壁中膜增厚，弹性纤维和平滑肌增厚，血管壁弹性增强，肌肉收缩对血管的经常挤压也有利于血管保持良好的弹性，从而有效预防高血压。

此外，心肌的微细结构也会随着锻炼而发生相应的改变，如心肌 ATP 酶活性提高，线粒体功能改善及数量增加，心肌细胞内的蛋白质合成增加，心肌纤维增粗，冠状动脉供血良好等，而且心脏的调节机能也会得到改善。经常参加体育锻炼或训练的人在进行定量负荷时，心血管机能动员快、潜力大、恢复快。

3. 呼吸系统

呼吸机能是保证机体在新陈代谢过程中实现气体交换的重要条件，同时正确的呼吸方式方法也为运动中某些动作提供有效保障。体能训练时注重呼吸节奏的调控，做到动作与呼吸有机地结合。经过一段时间的训练，可以发展呼吸肌，加强呼吸肌力量，增加呼吸深度，减少呼吸频率，减少生理无效腔所占的通气比例，有效提高肺的通气效率，同时也大大节省了呼吸肌的能量消耗。训练还能加大胸廓的扩张能力，加大呼吸差，增加肺活量，同时提高呼吸肌耐力和机体利用氧的能力。在进行体能训练中，特别是上肢和躯干的稳定性练习，有时会运用憋气这种特殊的呼吸方式。憋气时，会反射性地引起肌张力增高，有利于增强肌力。同时呼吸肌停止收缩，胸廓保持静止，为躯体上部分的稳定提供了有力的保证。但憋气也会引起肺内压急剧升高，回心血量减少以及射血的阻力增加以致组织供血供氧的不足，甚至出现头晕眼花等不良反应。因此，在锻炼中要合理运用憋气[①]。

4. 神经肌肉系统

根据骨骼肌纤维的结构、机能特点，骨骼肌纤维分为快肌纤维和慢肌纤维。肌纤维的神经支配是决定不同类型肌纤维参与工作的主要因素。根据运动单位的大小，肌纤维被募集以产生必要的力量和速度，这就是所谓的“大小原则”。比如具有较小运动神经元体积的慢肌纤维，要先于快肌纤维被募集。耐力训练能够促使骨骼肌肥大、毛细血管密度增加、线粒体数量和体积增大、氧化酶活性增加。力量训练能够增加肌糖原储备、增大肌纤维尺寸、提高肌肉收缩速度，也有助于提高运动技巧和耐力训练效果。当然，离心收缩可以引起肌纤维被缓慢拉长。

在训练过程中，会出现两种类型的肌肉疼痛，一种是由于疲劳和肌肉中的乳酸堆积引起的急性肌肉疼痛，如果由此引起运动功能障碍应当停止练习；另一种肌肉疼痛被称为延迟性肌肉疼痛（DOMS），是指人体从事不习惯的运动后所出现的肌肉疼痛或不舒适的感觉，一般出现在运动后 12 小时或 12 小时之后。DOMS 被认为是工作肌出现细微损伤的结果，并伴随着肌肉肿胀。充分的热身、放松和逐步提高运动强度是预防 DOMS 的主要手段。

（二）解剖学基础

人体运动是在神经系统支配下，以骨骼肌收缩为动力，以关节为支点，以骨骼为杠杆的机械运动。骨骼肌是运动系统的主动部分，骨和关节是运动系统的被动部分。体育院校以往的运动解剖学和运动生物力学教材，均重视肌肉、骨骼关节独立的功能，忽略了人体的整体性。随着社会的发展，人们对于预防、减少急慢性损伤以及提高运动表现难、美、新程度的需要，促使对人体解剖结构和功能进行重新审视和解读。

▶ 体能训练的解剖学基础

1. 骨骼肌

骨骼肌，也称随意肌，主要分布于躯干和四肢。每块肌肉都有一定的形态结构、位置和辅助装置，执行一定的功能，有丰富的血管和淋巴分布，并接受神经支配。因此，每块肌肉均可视为一个器官。骨骼肌包括肌腹、肌腱两部分。肌性部分主要由肌纤维（肌细胞）组成。整块肌肉外面包有结缔组织构成的肌外膜，由肌外膜发出若干纤维进入肌内形成肌束膜把肌肉分成较小的肌束，肌束内每根肌纤维外面又有肌内膜，血管、神经和淋巴管等沿着结缔组织膜层层深入骨骼肌内部。腱性部分由平行致密的胶原纤维组成，

① 尹军．身体运动功能训练［M］．北京：人民体育出版社，2017．

位于肌性部分的两端，色白、强韧而无收缩功能。

2. 骨骼

骨是一种器官，主要由骨组织（骨细胞、胶原纤维和基质）构成，具有一定的形态和构造，外有骨膜，内有骨髓，含有丰富的血管、淋巴管及神经，不断进行新陈代谢和生长发育，并有修复、再生和改建能力。成人有206块骨，常用的骨按形态分为长骨、短骨、扁骨和不规则骨。长骨呈长管状，分布于四肢，有一体两端。“体”又称为骨干，内有空腔称髓腔，容纳骨髓；两端膨大成骺，有光滑的关节面，骨干与骺相邻的部分称干骺端，幼年时保留一片软骨，称骺软骨，骺软骨细胞不断分裂繁殖和骨化，使骨不断加长，成年后，骺软骨骨化，骨干与骺融为一体，其间遗留一骺线。短骨形似立方体，多成群分布于连接牢固且较灵活的部位，如腕骨和跗骨。扁骨呈板状，主要构成颅腔、胸腔和盆腔的壁，如颅盖骨和肋骨。不规则骨形状不规则，如椎骨、上颌骨。另外，在某些肌腱内的扁圆形小骨称为籽骨，如髌骨，第一跖骨头下的籽骨。

3. 关节

骨与骨之间借助纤维组织、软骨或骨连接，形成骨连接。按骨连接的不同方式，可分为直接连接和间接连接两大类，间接连接又称为关节，是骨连接的最高分化形式。关节为骨杠杆提供支点，是能量传递的枢纽，是实现多环节联动、完成人体复杂运动的结构基础。“连接”与“运动”是关节的基本功能，能否实现取决于关节的结构特点及其灵活性、稳定性程度。按关节运动轴的数目和关节面的形状分单轴关节（包括滑车关节和车轴关节）、双轴关节（包括椭圆关节和鞍状关节）和多轴关节（包括球窝关节和平面关节）。

关节面结构是决定关节运动自由度的关键因素，如单轴关节（如指关节）通常只能绕冠状轴做屈伸运动，双轴关节（如桡腕关节）一般能绕两个相互垂直的轴运动，而多轴关节（如髋、肩关节）的球状关节可以做多个方向的运动。另外，关节囊的松紧度、韧带的强弱（如掌指关节也属于球窝关节，但由于其侧副韧带强，旋转受限）、关节负压及关节周围肌肉的强弱都是影响关节灵活性和稳定性的基本因素。

4. 神经系统

神经系统活动的基本方式是反射，反射的物质基础是反射弧，由感受器、传入神经、中枢、传出神经和效应器构成。周围感受器接受内外环境的各种刺激，并将其转变为神经冲动，沿着传入神经元传递至中枢部，最后至大脑皮质，产生感觉。另外，大脑皮质将感觉信息整合后，发出指令，沿传出纤维，经脑干和脊髓的运动神经元到达躯体和内脏效应器，引起效应。神经系统在人体内起主导作用：第一，控制和调节其他系统的活动，使人体成为一个有机的整体。例如，运动过程中，随着运动强度、运动量及运动时间的增加，除肌肉收缩强烈外，同时出现呼吸加快加深、心跳加速、出汗等一系列变化，这些现象都是在神经系统下完成的。第二，维持机体与外环境的统一，如天气寒冷时，通过神经调节使周围小血管收缩，使体温保持在正常水平。

四、体能测试

体能教练应该具备广泛的运动科学知识，并且能够有效地利用测试方法和措施帮助运动员达到目标，并挖掘他们的潜能。体能测试能够帮助运动员和教练员评估运动员的天赋，鉴别运动能力和需要提高的地方。另外，体能测试结果常常用于目标设定。基础测量数据的建立，有利于设定最初的目标，按有规律的时间间隔继续测试，有助于在达到目标的过程中记录运动员的成长过程。将体能测试结果作为设立目标的基础，有助于教练员设定专门性、个性化的目标，从而实现一个运动组或运动队的目标。

体能测试

（一）选择体能测试方法的影响因素

在选择体能测试方法时，必须考虑运动项目的专项性（如能量代谢系统、生物力学运动模型），运动员的运动经历、训练状态、年龄、性别，以及测试环境等因素。

1. 能量代谢系统的专项性

为了使体育测试更具有效性和可靠性，体能测试方法应充分考虑运动项目，应根据运动项目的能量需求来评估运动能力。因此，应全面了解三种能量供应系统（磷酸原系统、糖酵解系统和有氧系统）。例如，选择适合篮球项目中跑步能力的测试方法，体能教练必须理解篮球是一种无氧跑步能力为主的运动项目，以及在篮球比赛时冲刺的距离和方向。最好的测试方法应该体现该项目的身体运动特征和能量需求上。

2. 生物力学运动模型的专项性

体能测试的动作与运动中重要动作技术相似度越高，表明这样的测试就越有效和可靠。例如，垂直跳测试对篮球和排球项目具有专项性，这两种项目都包括垂直跳动作，而不符合网棒球专项性要求，因为网棒球中没有垂直跳这样的动作。运动中的位置不同，每个运动员的体能测试方法也不同。

例如，橄榄球防守型边锋需要把对方边锋推开，并完成 5~15 码（4.6~13.7 米）的冲刺到达四分卫的位置，而接球手不需要推开的力量，但必须完成 30~100 码（27.4~91.4 米）的快速冲刺。因此，卧推和 10 码（9.1 米）冲刺测试更适合测试边锋的运动能力，而 30~100 码（27.4~91.4 米）的冲刺测试更适合测试接球手的运动能力。必须用类似运动时的能量需求和重要的动作来测试运动能力。进行体能测试，还必须考虑测试时运动员的运动状态。例如，要求篮球运动员在秋季训练开始前进行 3 英里（4.8 千米）的跑步测试，这显然不合适的，因为篮球运动员可能正在进行间歇性训练和短跑训练。自由重量的力量测试对于单纯进行等速训练的运动员可能不合适。使用半蹲的下肢力量测试对于只进行蹬腿练习的运动员也不合适。因此，要根据运动项目力学特征选择测试项目。

3. 运动员的性别与年龄

运动员的年龄和性别能够影响体能测试的有效性和可靠性。例如，对于年龄稍大的男性和女性来说 1.5 英里跑（2.4 千米跑）是一个有效测试有氧能力方法，但对于儿童就不适合。再如，引体向上可能是测试男子摔跤运动员肌肉耐力的有效方法，但这不适合女运动员。

4. 环境因素

进行体能测试时，需要考虑环境因素的影响。当遇到高温时，尤其高湿度时，会损害耐力水平，降低运动能力，降低有氧耐力能力测试的有效性。当气温超过 5 华氏度时，尤其湿度超过 50%，会损害有氧耐力水平。海拔虽然不会损害力量和爆发力素质，但是会损害有氧耐力测试的结果。当海拔超过 1 900 英尺（约 579.1 米）时，有氧耐力测试需要适当的改变。当海拔超过 9 000 英尺（2 743.2 米）时，海拔高度每上升 300 英尺（约 91.4 米），最大摄氧量下降约 5%。在更高海拔时，最大摄氧量下降得更快。在接近海平面上居住较长时间的运动员，到相对较高海拔的地方，在进行有氧耐力测试之前，需要至少 10 天的适应期。

因此，在选择体能测试方法时需要考虑运动员的运动经历、训练状态、年龄和性别这些内在因素，也要考虑外在环境因素如气温、湿度和海拔。因此，要选择合适的测试时间与地点。

（二）测试顺序

制定合理的测试顺序和测试之间的休息时间，以保证测试的可靠性。例如，对于动用全部磷酸化能量系统来供能的体能测试，则需要 3~5 分钟的休息，而最大乳酸能系统的体能测试，至少需要 1 小时才能完全恢复。因此，对于高技巧动作的测试，如反应和协调性测试，应该在可能发生疲劳和混淆测试顺序的结果之前进行。尽管测试存在一些变化，但是测试大致依照以下顺序进行：

- 非疲劳性测试，如身高、体重、柔韧性、皮褶和维度测量，垂直纵跳。
- 灵敏性测试，如 T 测试、Pro 灵敏性测试。
- 最大爆发力和力量测试，如 1RM 高翻、1RM 卧推。
- 短跑测试，37 米。
- 局部肌肉耐力测试，如半仰卧起坐测试。
- 疲劳性无氧能力测试，如 400 米跑或 275 米往返跑、蜂鸣测试。
- 有氧能力测试，如 2.4 千米跑或 12 分钟跑。

有氧能力测试与其他测试项目，最好不在同一天进行，如果在同一天测试，有氧测试应该在休息 1 小时后进行。

第二节　技能发展指导

运动技能是指个体或群体在体育活动中，按照一定的技术规格，有效完成专门运动技术的能力。它是在神经系统、内分泌和免疫系统控制下习得的行为，必须通过重复练习、强化而改进，是由知觉、动作、练习构成的完整的三维体系。运动技能是通过后天学习获得的，不是先天固有的。由此可见，运动技能的习得过程实际上是根据某种规则或要求对练习者所进行的生理、心理和社会的长期改造过程。因此，进一步了解运动技能的形成过程，探究运动技术的学习过程也是十分必要的。在体育教学中，无论学习何种运动技能，都伴随着学习主体的感知和外显动作的不断改进，都要经过反复练习才能形成技能，进而达到强健体魄、愉悦身心、追求美感之目的。在这个过程中，运动技术的合理性和有效性会随着运动项目本身的发展、规则的变化、场地器材的更新，以及练习者运动能力的提高而发生变化。

很多学者和教练对运动技能和运动技术有所混淆，其实二者之间既有联系，又有区别。这里所讲的技术和技能指运动员参加身体活动或运动中的技术和技能。可以将“技术”理解为一个运动的某种方式，是一个客观和群体的概念，如“排球扣球技术”；将“技能”理解为某个人进行运动的能力，是一个主观和个体的概念，如“小李的扣球技能”。二者之间的关系表现为：一个人因学习了某个运动的技术而具有了该运动技能；一个人因学习合理的技术后而具有较好的运动技能。一个是学习的对象，一个是学习的结果，两者是学习过程的两个侧面[①]。

一、运动技能的分类

（一）按运动形态分类

运动的形态反映有两种，一种是组织化的竞技性运动，其本质属性应该是身体运动文化；另一种是非组织化的身体活或非竞技性活动，它的本质功能是娱乐、消遣、强身和健体。运动的低级形式“玩要”到高级形式“竞技运动”，区别在于组织化的程度，而它们皆以“竞赛”为基础。

运动技能对其属下的竞技性运动技能和非竞技性运动技能来讲又具有共性，共性表现在竞技性运动技能和非竞技性运动技能隶属于运动技能之下的技能活动方式。同样，竞技性运动技能是运动技能中的一类，对运动技能而言，其特性在于它是竞技性项目中以取得竞赛优异成绩（名次或奖牌）为共同标志的专业化技能活动方式，而非竞技性运动技能是以健康、快乐为主的活动方式[②]。运动技能按运动形态分类详情见表 6–2。

▶ 表 6–2 按运动形态分类

分类	类型	项目	项目举例
竞技性运动技能	开放型	使用器材项目	击剑、足球、排球、电子竞技运动等
		不使用器材项目	拳击、跆拳道、散打、摔跤等
	中间型	使用器材项目	F1 赛车、自行车赛、围棋、高尔夫球等
		不使用器材项目	公路赛跑、花样滑冰、体育舞蹈等
	闭锁型	使用器材项目	器械体操、艺术体操、刀术、举重等
		不使用器材项目	短跑、健美操、跳水、游泳、武术套路等
非竞技性运动技能	开放型	使用器材项目	舞狮、踩高跷、杂要等
		不使用器材项目	野营、攀岩、远足等

① 宋元平．运动技能学导论［M］．苏州：苏州大学出版社，2015.

② 王健．运动技能与体育教学［M］．北京：北京体育大学出版社，2009.

续表

分类	类型	项目	项目举例
非竞技性运动技能	中间型	使用器材项目 不使用器材项目	放风筝、垂钓、拔河、龙舟等 散步、公路慢跑、登山等
	闭锁型	使用器材项目 不使用器材项目	掷实心球、联合器械、多功能跑台等 眼保健操、广播体操、瑜伽、推手等

（引自：王健．运动技能与体育教学［M］．北京：北京体育大学出版社，2009．）

（二）按技术特点分类

按技术特点，运动技能分为周期性技能、非周期性技能、周期性与非周期性混合型技能三种。运动技能按技术特点分类详情见表 6–3。

▶ **表 6–3 按技术特点分类**

	周期性运动技能	混合型技能	非周期性技能
特点	开放性技能		闭合性技能
	不可预测的环境	半可预测的环境	可预测的环境
	不受外界环境的影响	受外界环境影响	
	基本动作环节是重复进行的	动作多种多样	
	反馈信息主要来自本体感受器	反馈信息来自多种感受器	
相似项目	球类项目	跳跃项目	走、跑、游泳项目

（引自：王健．运动技能与体育教学：大中小学学生运动技能形成过程的理论探讨与实证分析［M］．北京：北京体育大学出版社，2009．）

（三）按动作的连续性分类

根据运动技能完成的过程，运动技能分为不连续性、连续性和系列性三种运动技能。运动技能按动作的连续性分类见表 6–4。

▶ 表 6-4 按动作的连续性分类

	不连续性技能	连续性技能	系列性技能
特点	有始有终的完整动作	由不连贯系列动作组成	不易区分动作开始和结束
相似项目动作	篮球的传球、投篮	游泳、跑步	成套的健美操动作

（引自：王健. 运动技能与体育教学：大中小学学生运动技能形成过程的理论探讨与实证分析［M］. 北京：北京体育大学出版社，2009.）

（四）按运动项目分类

按照不同的运动项目，可以清晰地了解各项运动之间的相关性，有助于训练计划的制订和训练工作的实施。运动技能按运动项目分类详情见表 6–5。

▶ 表 6–5 运动技能按运动项目分类

类别	训练目的	项目举例	技术结构	运动强度	身体素质
1	完善技能协调性和动作形式	体操、跳水	非周期性运动	高低强度	协调性肌肉力量、素质
2	时间评定运动成绩	赛跑、自行车、滑冰	周期性运动	高低强度	速度耐力
3	发挥最大肌肉力量	举重、投掷	混合性运动	高低强度	肌肉力量、速度
4	对抗技能	拳击、球类	非周期性运动	高低强度	协调性、速度
5	消耗神经能量大，身体能力消耗少	射箭、射击、棋类	非周期性运动	低强度	协调性肌肉力量
6	完善操纵工具的项目	马术、帆船、滑雪	混合性运动	高低强度	反应平衡耐力
7	发展综合能力的项目	男子十项、现代五项	混合性运动	不同项目、不同强度	多种素质

（引自：王健. 运动技能与体育教学［M］. 北京：北京体育大学出版社，2009.）

（五）按肌肉参与程度分类

按肌肉参与程度，运动技能分为大肌肉群动作技能和小肌肉群动作技能。在完成大肌肉群动作技能任务时，需要动用较大的肌肉系统才能完成动作。这类技能与小肌肉群动作技能相比，对动作精确度要求较低，如排球运动中扣球和鱼跃救球的腾空姿势。而完成小肌肉群动作技能要求具备高度的控制能力，尤其是那些需要手眼配合和涉及高精确度手指、手腕动作的技能，如排球传球过程中手指对球的弹拨，扣球时屈腕对球的推压。有些小肌肉群动作技能中可能需要大肌肉群参与，但只要在实现技能目标过程中小肌肉群的工作起主导作用，就可以把它归为小肌肉群动作技能。

有些动作技能需要大肌肉群和小肌肉群共同参与才能完成动作目标，这时不能把这些动作技能区分为大肌肉群或小肌肉群动作技能，但这些技能却能在分类连续体上表示出相应的位置，根据它们与两端的距离判断技能的类别。例如，排球运动中的传球、扣球时既需要手指和手腕小肌群的精确控制，也需要手臂和肩部等大肌肉群参与工作①。

二、运动技能的学习过程

目前，在体育院校所使用的运动生理学教科书中，一般都沿用苏联运动生理学家巴甫洛夫的高级神经活动学说，即认为运动技能形成过程分为泛化、分化、巩固提高与自动化四个阶段。每个时相不能严格划分开，而是相互联系、相互交错的，是一个完整的过程。

技能学习过程

（一）学习和初步把握技术动作

在初学动作的时侯，通常会出现紧张、牵强、不准确、不协调和缺乏连续性等问题，而且也会有动作僵硬化且伴随一些多余动作的现象，在练习后，还不能通过语言来表现动作的练习结果。这是因为运动的条件反射在初步形成时，各种条件的抑制还没有形成，在大脑皮质中，相应结构的兴奋比较分散，是向四周的部位分散的，很容易引起有的部位出现僵硬，使得动作显得固化。在这个阶段，要多运用直观可视的方法，让学习者通过感官获得生动灵活的表象，打开多个部位的功能进行丰富的感性认识和对于直接经验的获取，从而掌握运动技术。在教学中，常用方法有很多，包括指导、动作示范、语言讲解等。特别是要把讲解和示范结合起来，让运动员在获得语言

① 宋元平．运动技能学导论［M］．苏州：苏州大学出版社，2015.

刺激的同时，获得直观可见的运动动作，以促进相应运动技术的形成。运动员通过视觉、听觉等方法对动作的时间与空间的关联产生更深的感觉，运用器官感受动作要领。在这个过程中，不能过于强调细节，可以先把握动作的基础组成。

（二）协调和提升技术动作

此阶段，已初步把握了这一项技能。此时，因为条件阻碍的进化，在大脑表质，兴奋以及抑制过程变得综合，由广泛阶段进入细分阶段。因此，在学习过程中，很多失误的行为能够得到改正，并能运用语言表达自己所做的行为，这就表明这两个信号系统之间的联系已经通畅，可以通过语言表达动作的完成状况，比较成功地完成一整套完整的技术活动。这时可以认为，在初级阶段形成了动力方面的构造，但当前尚不稳固，一旦遇到新生成的刺激，多余的行为和错误行为可能重新生成。在这个阶段中，应改进学习的因素和质量，把简单的动作组合起来，借助于系统练习或分解练习，逐渐改掉动作不协调等问题，使技术动作流畅起来。要确保练习时间和次数，不断提高动作要求，并让运动员感觉到动作的精细程度，多练习，改进技术。

（三）提高和健全技术动作

通过更高要求的重复练习，已经完成了运动定型，来到了运动动作能力的巩固环节。此阶段，大脑皮质的兴奋和抑制，在整体上能够更加集中和准确；动作不仅更加精确美化，而且一些关键动作，不用通过计划方面的调控也能自发完成，即运动能力实现了自动化。在这个过程中，虽然已经形成了一定的形态，但仍然应时常练习，稳定提升动作水平，否则会出现倒退现象。在教学中，要学习相应的理论知识，加深对相关动作内在关系的认识。反复进行整体动作练习，根据每个人的特点，结合技术角度的测评，提出更好的提升动作的方案和措施。

（四）完善和运用技术动作

从表面上看，这个自动化阶段就是指运动员在学习某项运动或者学习相关动作时，自己能够下意识地完成相应动作的过程。运动员通过不间断的反复练习，使得这些动作能够在相应的结构内形成一整套系统、完善的反射弧，在接收类似刺激下，人体能够自如地完成与某项运动有关的动作。在这个阶段，教练要在运动员的练习中，不断地进行指导，检查运动员的相关动作，防止动作变形，并要求运动员深入研究学习、不断了解新的相关技能，把已经成型的运动技能加以学习。

运动技能形成过程的四个时相是一个连续的过程，各时相之间并无明显界限。在体育运动实践中，运动技能形成过程并不是截然划分的，而是逐渐过渡的，每一时相的出现和持续时间也不固定，在许多情况下，某个时相可能不存在。运动技能形成过程的时间长短，受许多因素影响，如动作的复杂程度、身体机能水平、已有运动技能数量、教学方法和训练水平等，还与学习者学习的积极性和目的性有密切关系[①]。

三、影响运动技能学习的因素

（一）示范与讲解对运动技能形成的影响

动作学习过程中，运动员学习一项技能时，需要教练给出感知信号，然后运动员通过感觉器官经过大脑的理解与分析，最后通过肌肉感受反复练习，才能够掌握技能。因此，教练的讲解与示范显得尤为重要。示范是动作表象形成的重要因素，讲解是运动技能形成的主要信息来源。示范与讲解是动作练习过程中最常用的教学方法，运动员可以通过动作表象及动作概念掌握运动技能的重要手段。

（二）练习与反馈对运动技能形成的影响

练习是运动技能形成的关键。任何运动技能的形成都需要运动员反复地进行练习，才能准确地掌握技术动作，但教练员一定要科学把控练习的次数和强度，根据运动员的自身情况和赛事安排，不可超过运动员的承受能力。否则，适得其反。

以体育教学的视角来看，反馈主要可分为感觉反馈与追加反馈。感觉反馈指运动员通过感觉器官来直接获取反馈信息。在运动过程中，动觉反馈信息最为重要。追加反馈指除运动员自身以外的人或事给出的反馈，如教练、同学录像等外在信息源给运动员练习结果给出的反馈。毋庸置疑，准确地追加反馈，对运动员纠正错误动作、形成正确的动作具有重要的作用。

很多学者通过实验证明，运动员在练习时，教练员给予一些指导后，运动员的成功率或动作的精准度会得到提高，因此认为及时反馈信息对练习

① 宋元平．运动技能学导论［M］．苏州：苏州大学出版社，2015．

效果有直接影响。越快了解结果，运动成绩越好。也有一些学者认为不管是同时提供外在反馈还是最后提供外在反馈，运动员的动作技能掌握程度都比未提供外在反馈运动员的运动技能差。同时提供了外在反馈的运动员，其运动技能水平下降越快，错误的数量更多，这说明外在反馈虽有积极效应，但如果使用不好，还可能带来消极效应。

（三）运动员心理活动对运动技能学习的影响

在运动技能的学习过程中，主要是通过个体的心理活动来控制肢体进行运动。个体通常是通过自身感官感知要进行的技能动作，运动员首先心中要有计划，通过计划来有效支配肌肉完成技能动作，最后通过运动员肌肉的感知将信息传递到大脑的相应代表区域，这一过程就说明了心理活动对运动技能动作的控制。

除上述影响因素之外，运动技能的学习还受到许多外部因素的影响，如动作难易程度、教练运动技能水平、家庭环境、场地器材等。

动作难易程度是影响运动技能形成的关键因素之一。在运动技能的学习中，应遵循从简到繁、从易到难的原则。在教学内容的选择上，要以运动员的基础为标准。所选动作的难易程度要考虑运动员的接受能力，既不能太难也不能太容易，动作太难或太易会影响运动员的兴趣与主动性。因而，必须科学合理地选择训练方法与手段，做到因材施教。

教练员作为运动员的指导者，其业务水平也直接影响运动员运动技能的学习。具有较高业务水平的教练员，能够根据运动员的个体差异，实施不同的训练方法与手段进行教学，使每个运动员都能够清晰的学习。

兴趣既是运动员学习运动技能的主要动机，也是引起和维持注意的重要因素。运动员是否对所学的运动技能感兴趣直接影响学习效果。除此之外，运动员的学习意志也是影响运动技能的重要因素，意志是在一定目的驱使下，自觉调控自己的行为而表现出来的一种心理力量，或者是根据对客观事物的认识，自觉地确定目标，支配行动，调节行动，克服困难，实现预定目标的心理过程。良好的意志品质是完成任务的重要保证。因为与一般的知识学习不同，在运动技能的学习过程中，对力量、速度、灵敏等方面都有较高的要求，需要刻苦、努力才能取得良好的学习效果。因此，运动员要对运动技能的学习充满兴趣，并且坚持练习，才能习得良好的运动技能。

第三节 有效参赛指导

一、赛时训练计划

（一）训练任务和时间

赛时训练计划

比赛时期的训练任务包括发展运动员的专项竞技能力和使运动员在比赛中充分表现已有竞技能力水平两个方面。在准备时期训练的基础上，进入比赛时期运动员应努力发展专项竞技能力，应把对自己竞技能力影响最大、表现最集中的方面置于训练首位，把最主要的精力用于发展这些能力上去，如中长跑运动员的专项耐力、手球队的集体战术配合、乒乓球运动员在实战中发挥技术特长的能力、体操运动员完整套路练习的成功率等。比赛时期训练的第二个任务，也是最重要的任务，就是做好充分准备、参加比赛，最大限度地发挥已有水平，创造优异的运动成绩，达到训练目标。

为了保证训练任务的完成，比赛时期的训练时间一般应不少于一个半月。运动员要在准备期训练的基础上进一步发展专项竞技能力，特别是要在比赛中创造优异成绩，必须经历一定数量的比赛，才有可能抓住主客观条件都处于适宜状态的机遇，充分发挥自己的竞技水平。而主客观条件的状态受着许多可控、半可控、不可控的因素的影响。因此，即使运动员的训练状况十分理想，也要做好充分准备，做到万无一失。

运动员在重大比赛，特别是奥运会、世界锦标赛和世界杯的比赛，成败有着重要的社会意义和深远的影响，因此，教练员和运动员都应该全力以赴，尽最大努力取得比赛的成功。训练计划的安排上要注意做到以下几点：

（1）安排好负荷的节奏，使运动员的体能变化在比赛时处于超量恢复阶段。

（2）技术、战术的掌握达到高度熟练和自动化，但又不因过多的专项技战术练习导致中枢神经系统对专项技术动作的超限抑制和重复泛化。

（3）通过适当的热身赛和其他适应性比赛，激发运动员强烈的竞赛欲望，而又不因过多的比赛引起运动员厌烦比赛，甚至恐惧比赛。

（4）采取措施（包括训练、社会、遗传等方面）激励运动员进取，但又不能造成过高的激活状态。应使运动员保持适宜的兴奋水平，以求既能最大限度地动员机体的潜力，保障高水平状态参加比赛，又能保持高度的自控能力，有效地排除内外消极因素的干扰。

（二）训练方法、手段和负荷特点

为了与准备时期训练方法的特点相联系，比赛时期的训练，发展体能主要采用重复法，发展技能主要采用完整法，并较多地采用比赛法，以便综合地发展与竞赛密切相关的体能、技能、战术能力、知识能力和心理能力。当然，与此同时，仍要根据需要适当地运用间歇训练法及分解训练法。

比赛时期的训练负荷强度大，而负荷量较小。负荷变化主要表现在以下方面：

（1）对于可客观测量的体能主导类项群（如田径、游泳、举重、速滑），训练的速度、高度、远度、负重量增加，而重复次数、训练时间则明显减少。

（2）将多种动作组成固定的套路去参加比赛，并力求获得较高评分的技能主导类表现性项群（如体操、武术套路、跳水、花样游泳、艺术体操、技巧、蹦床等），成套练习的比例增加，而单个动作的练习数量则大大减少。

（3）以对手身体为攻击目标的一对一格斗对抗性项群，实战练习的比例增加，而无对手的个人练习的比例减少。

（4）在个人能力的基础上依靠密切配合而表现出来的集体竞技能力决定胜负的集体球类项目（如篮球、排球、足球、冰球、曲棍球、手球），两三人的配合训练、全队配合训练和实战训练的比重增加，个人技术练习的比重减少。

（5）心理稳定性对比赛有重要影响的技能主导类表现准确性项群（如射击、射箭等），实射的比例增加，对运动员造成巨大心理负荷的训练和比赛增多，而各种空枪预习、白靶射击则大大减少[①]。

二、赛前训练

在比赛阶段，运动员连续参加了比赛，要特别注意组织好赛间训练。体能主导类运动项目赛间训练的主要任务，在于积极调整运动员的竞技状态，使运动员从上一次或上一组比赛的疲劳状态下恢复过来，重新聚集力量，以充沛的体能投入新比赛。同时，分析上一次或上一组比赛中问题，利用短暂的赛间间歇，设法在短时间内有效改善不足，争取获得新的训练效应。

① 田麦久. 运动训练学［M］. 2版. 北京：高等教育出版社，2017.

运动员、教练员和科研人员一直在努力探索提高运动员生理适应和竞技能力的方法。运动员必须经过大强度训练和低负荷训练，才能在重大比赛中达到最佳竞技状态。为了达到这一状态，教练员和运动员需要了解年度训练计划中减量训练和完赛阶段的关系，运动员需要在赛前进行合理的减量训练。

（一）赛前减量训练

目前，对赛前的最后阶段如何改进运动员的训练计划有多种认识。若要使运动员在比赛时出现最佳竞技状态，教练员应在赛前降低训练负荷。这个时期降低负荷的训练称为赛前减量训练。赛前减量训练历来仅被认为是赛前训练负荷的减少，但现在穆济卡（Mujika）和帕迪利亚（Padilla）认为“减负训练是在一个变化时期内循序渐进地以非线性的方式减轻训练负荷，从而减少运动员在训练中的生理和心理压力达到最佳竞技状态”。

赛前减量训练

减量训练的目的在于促使运动员在特定时期达到最佳竞技状态。减量训练一般通过系统性地降低训练负荷来降低疲劳的积累，包括降低在维持运动专项体能时对训练作出反应而产生的生理和心理疲劳，促使运动员从训练积累的疲劳中恢复，提高运动水平。目前有许多科学文献证明了这一点，在减量训练期间减少疲劳积累，有利于提高体能，使竞技状态得以提高，并且出现明显的积极性心理变化，如训练艰苦的感觉下降、情绪高涨、疲劳感下降、精力充沛。这表明，运动员在减量训练开始时对训练计划的生理性适应就已经产生，且这种适应很可能被累积的疲劳所掩盖，而心理性适应则在减量训练中出现。因此，减量阶段可以减少运动员生理和心理方面的疲劳，从而提升竞技能力。

由于运动员在训练过程中体能水平和疲劳状况是不断变化的，这就决定了运动员准备期的多变性。最优化的训练应该是尽可能地提高体能并最大限度地减少疲劳。当训练负荷过高时，训练效果就会因疲劳的大量积累而大打折扣。减量训练的前提就是在消除疲劳积累的同时保持体能。由于已经获得的身体素质水平在几分钟、几小时甚至几天后仍然相对稳定，所以体能被认为是运动员准备状态的一个缓变要素。而疲劳却恰恰相反，由于它具有高度易变性，容易受到生理和心理压力的影响。因此，在减量训练阶段减少训练负荷，可以促使疲劳的快速恢复。如果减量训练的时间过长，则会造成之前训练获得的体能丢失，甚至出现训练不足，损害了运动员的准备状态。所以，减量训练并非简单地减少训练负荷，只有综合考虑各方面因素才能提升运动员的准备状态和最佳竞技表现能力。

（二）减量训练的影响因素

在年度训练计划中，减量训练有多种执行方式，但每一种执行方式的关键都在于对训练负荷的改变。可以在减量训练中通过减少训练量、训练强度或训练频度来降低训练负荷，但具体的效果要视减量训练的持续时间以及与训练负荷的关系而定。如果减量训练的持续时间太长，则疲劳和体能都会减弱，造成训练不足和准备状态下降。这种无效的减量训练是无法提高运动员的准备状态。因此，教练员必须理解训练强度、训练量、训练密度与减量训练时间的相互作用机制。

在对耐力训练进行研究时，研究者发现在减量训练期较低的训练强度（最大摄氧量≤70%）易导致耐力下降或保持不变。相反，在减量训练期间较高的训练强度（最大摄氧量≥90%）有助于提高耐力。然而，对于高水平耐力运动员来说，在减量训练阶段只有通过高频率训练才能提高竞技状态。最近有分析表明，在减量训练期间训练频率的减少未提高竞技状态。尽管中等水平运动员的训练频率维持在减量训练之前的30%~50%能保持生理性适应，但高水平运动员在减量训练期间可能需要一个更高的训练频率来维持技术熟练度。这些研究结果表明，训练频率应保持在减量训练之前训练强度的80%或80%以上，才能够优化运动水平和保持技术熟练度。

在许多科学文献中，减量训练期间通过减少训练量来降低训练负荷的方法是讨论最多的。减量训练时期，训练量的减少可以通过减少每一次训练课的持续时间、减少训练频率或者两者同时减少，但较减少训练频率，减少每次训练课的持续时间更为可取，因为减少每次训练课的持续时间能够对减量训练产生更为积极的影响。当试图通过减少训练量来进行减量训练时，教练员应该考虑到减量训练之前的训练负荷（如训练量和训练强度），以及应该减少多少训练量以及减量训练应该持续多长时间。鉴于此，在减量训练时期，对于必须减少多少训练量才能获得最佳竞技状态有多种建议。在有关游泳、跑步、自行车、三项全能和力量训练的科学文献显示，减量训练时的训练量应减少50%~90%。高水平耐力项目运动员（如自行车运动员和跑步运动员），训练量应减少50%~70%来保持或增加训练适应。循序渐进的赛前减量训练过程中，与减少50%的训练量相比，减少75%的训练量更能优化减量训练的效果。有科学文献表明，减量训练期间减少41%~60%的训练量能够实现最佳竞技状态。然而，训练量的减少比例与减量训练之前的训练负荷、减量训练持续时间有关。如果减量训练之前训练负荷很大，那么训练量可以减少得更多一些，按照减量训练之前的训练负荷减少60%~90%进行减量训练就可以消退疲劳。

通过降低训练密度来减少训练负荷是减量训练期间另一种比较常用的方法。一些研究表明，减量训练之前 50% 的训练密度能够提高竞技状态。目前，已经证实运动员在减量训练 2~4 周的时间里可以保持训练中获得的生理适应和竞技能力。这些资料表明，调节训练密度对于改变训练量是比较行之有效的方法。

受多种因素影响，减量训练持续时间可能是最难确定的。减量训练期间训练量及训练形式的减少会影响保持身体素质和提高准备状态所必需的训练时间。如果训练量大量减少，那么减量训练持续时间就必须缩短。科学文献中已提及，1~4 周的减量训练可改善生理、心理和竞技状态。一些学者认为，为了消除疲劳以及避免因减量训练时间较长而可能出现水平倒退的负面现象，8~14 天的减量训练是比较合适的选择。由于运动员在减少训练负荷后的生理和心理反应不同，减量训练的持续时间应该因人而异。因此，建议为每一位运动员确立个性化的减量训练持续时间。

为使运动员达到最佳准备状态和最佳竞技状态，必须合理采用减量训练。运动员不可能在每一次比赛中都达到最佳状态。因此，教练必须认真制定竞赛日程，其中包括 2~4 次重要比赛。除此之外，运动员应当将其他所有的比赛视为准备性比赛，把这些比赛当成训练手段。如果一个团队项目的运动员参加了周期性模式中的比赛，教练员应该在每一场比赛前制定好能让运动员恢复、训练和消除疲劳的训练策略，使运动员在一次重大比赛中达到竞赛日程的高峰[①]。

（三）赛前练习动作的选择

根据运动员的赛季安排设计训练内容和训练动作，在临近比赛一个月时，运动员不再需要学习新的训练动作。有研究表明，在运动员赛季前期进行新的技术动作学习，会扰乱运动员机体的适应和已有技术动作的模式，不利于运动员在比赛时技术动作的表现。无论是专项技术动作还是力量训练动作都不可进行新动作练习，该阶段教练员需要合理安排训练频率和负荷，使运动员巩固技术动作，保持动作的熟练程度，减少比赛时的技术失误。

---

① [美] 图德·邦帕，[美] 格雷戈里·哈夫. 周期——运动训练理论与方法 [M]. 李少丹，李艳翎，译. 北京：北京体育大学出版社，2011.

三、赛间训练

随着现今比赛观赏性越来越强，职业运动员的赛程安排也越来越多，如球类项目运动员一年四季基本都是赛季，尤其是网球运动员每年除了在准备期有一段相对较长的训练时间外，大部分的训练要在比赛期间来完成，因此赛间训练的重要性在一定程度上来说甚至超过准备期的训练。赛间训练可以让运动员在一年的赛程中乃至整个职业生涯中，维持良好的体能，不断改进技战术，提升自身的竞争实力。赛间训练是全年训练不可缺少的一部分。从人体机能的发展来看，仅依靠准备期训练来满足赛季所需要的各项技能显然是不可能的。为了满足全年赛季比赛对运动员机体的需要，在全年训练中安排系统、完整的赛间训练已被球类项目选手所重视，调整好训练和比赛的节奏，处理好“赛”与“练”的关系，做到“赛中有练”“练中有赛”，赛练结合；使运动员迅速恢复并保持体力和良好的竞技状态，才能实现赛程的需要，并在后续赛事上创造优异成绩。

赛间训练的内容分为四大板块，即赛间恢复、赛间心理训练、赛间技战术训练、赛间体能训练。从形式上看，这与平时训练的内容是一致的，但由于赛间训练时间短，并要求运动员在短时间内迅速恢复，并在体能、心理和技战术方面做好连续参加比赛的准备。因而，赛间训练在内容的选择、安排及方法手段的运用方面与平时的训练相比，侧重点就有很大不同。在此阶段，运动员要维持良好的竞技状态，进行一些预防损伤的恢复训练。因此，在赛间的周训练或多日训练中，要维持训练的强度但运动量应减少。许多运动员都意识到要想在比赛中保持良好的竞技状态，必须在场上或场下进行调节体能的康复训练。因为在经过紧张激烈的比赛后，运动员的身体已经处于疲劳状态，由于其处于比赛应激状态，对疲劳的感觉并不深刻，这时教练员就要根据运动员的实时状况，制订适当的康复训练计划，使运动员得到及时恢复。

（一）赛间恢复

▶ 赛间恢复与营养安排

比赛期间的赛后放松是运动员赛间训练的重要内容之一，其目的是消除比赛疲劳，调节心理状态。赛间实施恢复放松通常分两步：第一步，在激烈的比赛后立刻采用恢复手段，如慢跑变换肢体活动、静力性拉伸、深呼吸，使肌肉得到有效放松，加速血乳酸分解，促进疲劳恢复。第二步，延迟放松，即在赛后立即放松的基础上，第二天开始放松训练。塔利舍夫调查显示赛后 6~9 小时采用专门恢复手段有利于身体工作能力的提高。在赛间训练时，主要以少运动量、低强度、短时间的运动练习为主，以轻松有趣的内容取代单一的专项训练，以促进及时恢复。同时，也可以采取营养学恢复、药物恢复、物理学恢复及按摩恢复等方法促进疲劳的恢复。

营养学恢复方法是运动员恢复训练手段中最主要的方法之一。进行负荷训练必然要消耗大量的能量，因此，运动后必须及时地摄取营养物质予以补偿，否则，机体机能水平会迅速下降，阻碍消除疲劳。所以，必须根据负荷的性质等来搭配营养物质，另外还要补充维生素 B、维生素 C 等所需要的微量元素。

药物学恢复方法是在大负荷训练后，为促进机体恢复、提高恢复效果而提出来的。维生素居特殊地位。维生素 C 是刺激氧化过程的有效物质，维生素 E 对在进行无氧耐力训练或力量负荷后的恢复效果明显。在中药方面，主要采用以“补肾、益气、助阳量滋阴”为体的三类药，如人参、刺五加、鹿茸、冬虫夏草等。

物理学恢复方法一般有光学作用恢复手段、水作用恢复手段（水温、水质、水的冲力）和电作用恢复手段等。

按摩恢复法是一种消除疲劳、提高机体工作能力的治疗方法，可以活动筋络，以改善机体新陈代谢，加强皮脂腺和汗腺活动，有助于血液循环和排泄，同时对神经系统的兴奋与抑制起平衡作用。

（二）赛间心理训练

赛间心理训练采用较多的是自我谈话、音乐疗法和教练暗示法，其中最普遍使用的是自我谈话法。自我谈话和注意集中的概念是紧密联系的，在平时的赛间训练中应尽量引导运动员用自我谈话来消除不良情绪，如“坚持、果断点、保持注意力”等，使运动员比赛期间可以通过自我谈话和自我调节，尽快进入最佳比赛状态。

▶ 赛间心理训练

当运动员过于淡漠时，通常采用语言激励（教练员）、趣味性比较强的游戏放松训练调节运动员的心理。赛间训练阶段，大多数运动员对教练有心理依赖，甚至有些运动员必须在赛场上看到教练才能安心比赛。教练在赛间的一句话、一个动作，甚至一个眼神，都会给运动员心理带来很大的影响。为了稳定运动员的心理，预防唤起其低落的情绪，教练在赛间应根据运动员的心理特点，予以语言激励。此外，赛前的热身活动、神经激活游戏等都可以提高神经系统的兴奋性和肌肉紧张度，从而克服运动员过于抑制的淡漠心理。目前，在赛间训练心理调整方面，尚没有可供教练直接利用的完善可行的方法，因而需要教练熟悉自己的运动员，学习和掌握心理学方面的理论知识和实用的心理训练技能，并通过大多数教练成功和失败的经验教训，总结出适合自己运动员的心理训练程序。

（三）赛间技战术训练

在赛间进行熟练的技战术练习主要是为了提高运动员技战术运用的稳定性，降低失误率。在赛间训练以实践性为核心的多种技战术训练的内容设置上主要包含以下四个方面：一是进行技战术的熟练性练习，以确保技战术实践性的完成；二是需要弥补薄弱环节的练习，不断丰富技战术的全面性以强化专项实践性；三是进行特长技术和绝招的练习，以突出实践性；四是发展技战术的练习，以不断丰富实践性内容。影响运动员技战术稳定发挥的因素很多，如体力不足造成的失误、要求过高、心理紧张、怕输等。因此，必须通过技战术训练降低因熟练性不够而造成的低级失误。此外，根据运动员的专项特点，对本项目某些重点技战术训练的内容应有所增加。另外，根据比赛频度的不同，针对比赛中存在的主要矛盾，在某阶段的练习内，某项技战术练习的比例应适当加大。尤其是球类项目比赛较多、地理环境变化较大，如针对比赛场地、气候、地理特点等因素，在进行技战术的熟练性练习过程中相应的技战术练习的比例要有所变化。而且在赛间训练时，应加强运动员的特长和绝招训练。特长是指运动员技战术整体能力中发展水平最高的技术。绝招是指运动员所掌握的独特的克敌制胜成功率（有效率）很高的技战术。特长和绝招的使用往往对比赛产生重要影响，包括对比赛过程和比赛结果两个方面。从某种程度上讲，发展运动员的特长和绝招就是对其局部技战术能力进行超前发展。

（四）赛间体能训练

赛间体能训练

赛间体能训练对运动员有着特殊意义，很多教练认为比赛期间，比赛强度足够大，运动员不需要再进行体能训练，否则会让运动员疲劳加深而不利于比赛。恰恰相反，适当的体能训练可使运动员在生理、心理方面得到积极的恢复。在生理上，主要是为了保持体能，为后续赛事做准备；在心理上，通过适当的身体训练有助于缓解运动员紧张的心理，增强自信。因此在赛间的日常训练中，教练员会安排一些核心激活训练、小肌群激活训练、加强易损伤的弱链以及球类项目的反应训练、团队项目的配合训练等。当有些项目的赛程时间拉长时，教练员可选择一个合理的时间，针对不同项目所需的能量供应系统，安排力量训练、速度训练、快速伸缩复合训练或耐力心肺训练，训练负荷根据运动员的具体情况和赛程安排，训练的强度和量一定要达到或超过比赛，以提高运动员的有氧恢复能力和速度耐力。赛间训练有时还会通过对平时训练内容的复习，维持心理平衡，增强运动员的自信心，减轻比赛压力。当运动员在赛间情绪紧张时，可进行轻微的体能训练，有利于提高肌肉的紧张度及场上应变能力，提高兴奋性，尽快进入比赛状态。

思考题

1. 体能训练的主要内容有哪些？并分别用一个训练动作举例。

2. 在体能训练的生理学基础中，有哪三大能量供能系统？简要说明其特点。

3. 在给运动员进行体能测试，选择测试项目时，需要考虑哪些因素？如何安排体能测试顺序？

4. 运动技能的形成过程需要经历哪些阶段？简要说说每个阶段的特征。

5. 你认为比赛期间应该安排训练吗？若安排训练，应该进行哪方面的训练？并说明原因。

6. 说一说赛前减量训练的原因及影响因素。

7. 根据你的运动项目和赛程安排，设计一套关于比赛期间的体能训练方案。

第七章

加强团队管理，勇于突破创新

本章导读

现代运动训练是一个复杂的过程，构建复合型教练团队，加强对团队的管理，不断创新思维极为重要。在这一章中，你将了解如何在执教中构建复合型教练团队，如何处理团队成员间关系，如何培养自己的创新能力。

学习目标

1. 学习复合型团队的构建与管理。
2. 了解创新思维的特点，学会团队合作，不断挑战自己。

第一节 复合型教练团队的构建

一、复合型教练团队的概念

随着国际竞技体育运动职业化、商业化的高速发展，训练分工专业化和精细化成为一个显著的发展趋势。为了不断提高训练效益和训练质量，高水平运动训练不可能再像过去那样只靠一个教练独立完成，而是需要一支高度专业化的复合型教练团队通过多学科知识有效集成来综合实施。复合型教练团队就是这样一个“以项目管理者或总（主）教练为主导，由多种成员角色组成，以提高运动员的竞技水平和运动成绩为目的的相互协作的工作群体”[1]。复合型教练团队“以成员高度的互补性、知识技能的跨职能性和信息的差异性为特征”[2]。专业化的复合型教练团队既是研究、把握训练规律和技战术创新的组织保障，也是当今国际职业体育和我国优势运动项目的普遍组织方式。

▶ 时隔14年重掌中国女排 里约奥运会冲击奖牌

2013年4月25日，国家体育总局排球运动管理中心在京召开媒体见面会，正式宣布郎平将出任新一届女排国家队主教练。除具有宽广国际视野的主教练郎平外，排球运动管理中心还为中国女排从国内外聘请了队医、康复师、体能师、科研专家、数据分析人员、陪打教练等人员组成复合型教练团队，使教练员和保障人员的数量与运动员数量几乎达到1∶1的比例。优秀复合型教练团队的组建，为中国女排连续取得2014年世界女子排球锦标赛亚军、2015年世界杯女子排球赛冠军和2016年里约奥运会女子排球比赛冠军奠定了基础与保障。

二、复合型教练团队的管理模式及组织结构

我国运动队在实践中先后出现过具有明显时代特征的领队负责制、总（主）教练负责制和队委会分工负责制三种管理模式。领队负责制有利于发挥领队的行政管理工作优势，易于加强队伍的思想政治工作，同时加强外围的协调保障工作；不利方面是在一定程度上削弱了主教练的主导作用，不利

① 白亚星. 我国沙滩排球项目复合型教练团队构建［D］. 北京：首都体育学院，2018.

② 关培兰. 组织行为学［M］. 武汉：武汉大学出版社，2000.

于教练执教工作的积极开展。总（主）教练负责制有利于突出总（主）教练的在队伍里的主导地位，便于开展工作；但是其不利方面是权力过于集中，对总（主）教练的个人能力要求较高，而且团队其他成员作用的发挥受到一定限制。队委会分工负责制的特点是分工负责，充分发挥各个集体成员的积极作用，最大限度地整合全队资源。

队委会分工负责制的复合型教练团队的组织结构[①]由项目管理中心领导、领队、总（主）教练、科研人员、医务人员和外聘专家等人员以图 7-1 所示的形式组成。各类人员在以中心领导为核心的队委会带领下，各负其责又互相协作，共同完成提高运动员的竞技水平和运动成绩的组织目标。

郎平打造复合型团队　能力和魅力显“国际范”

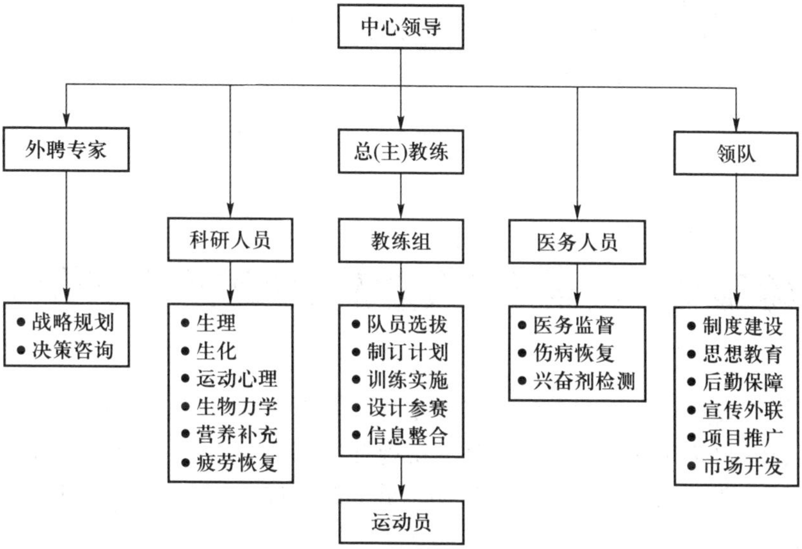

图 7-1　复合型教练团队的组织结构

三、复合型教练团队的成员角色及其职责

项目管理中心主任是面对国家体育总局的第一责任人，奥运周期的参赛安排和训练设计都是在项目管理中心的统一领导下进行。外聘专家为来自国内外了解本项目规律和特征的专家，由于运动队特殊的工作性质和专家本职工作，外聘专家不能长期随队，但其深厚的专业功底可以为运动队

① 李卫. 国家级运动队复合型训练团队运行机制与组织策略［J］. 首都体育学院学报，2012，24（4）.

提出战略规划、决策咨询，以及具体训练方法和手段的建议。领队负责运动员的思想教育、队内规章制度的建立，以及后勤保障的落实、宣传、市场开发等训练外围事宜。总（主）教练及其领导下的教练组具体负责运动员的选拔、训练设计和实施、比赛规划和安排。科研人员负责科研攻关和科技服务，根据项目的不同特点，科研人员的选择各有侧重和不同，其中包含生理、生化、心理、生物力学、营养和疲劳恢复等方面的专门人才。医务人员负责医务监督和伤病防护。多数运动队科研组和医务组人员会有交叉与合作[①]。

由于不同项目国家队的具体情况差异较大，队伍的目标、职能、重点等都会有所不同，不可生搬硬套某一种管理模式及成员角色和职责分工，需要结合项目的特点和本队的实际情况选择队伍的管理模式、确定成员的角色及职责分工。总的原则是使复合型教练团队内部结构合理化，工作目标一致化，团队整合效应最大化，提高团队运行效率，促进运动员训练水平和运动成绩的提高。

第二节 复合型教练团队的关系处理

与他人成功合作共事的人际关系技巧有很多种，但有四种技巧对于复合型教练团队尤其重要。它们就像指南针的四个点一样，这四种人际关系（图 7–2）处理技巧为复合型教练团培养和维护成功的人际关系指明了正确的方向。

一、了解并信任自己和他人

公爵大学男子篮球队教练迈克·克利兹泽维斯凯曾说过，“几乎一切领导才能都可以归宿为关系。领导他人唯一的方法就是理解他人，理解他人最佳的方式就是了解他人”。和谐的团队关系首先来源于每个成员之间的相互了解。为了增进了解，教练团队的成员应互相展示自己。戴维·约翰逊在其著作《伸出手》中对自我意识建立过程中的自我袒露做了这样的描述：“通

① 李卫. 国家级运动队复合型训练团队运行机制与组织策略［J］. 首都体育学院学报，2012，24（4）.

图 7-2　四种重要的人际关系技巧

过把自己袒露给你，才使得信任、关照、承诺、成长和自我理解成为可能。如果不了解我，你怎么会关照我？如果不通过向你展示自己来建立信任，你怎么能相信我？如果你对我知之甚少或一无所知，你怎会向我承诺？如果不向朋友袒露自己，我怎么能认识和了解自己？”通过将自己袒露给别人，才使得信任、关心、承诺、成长和自我理解成为可能。但自我袒露并不意味着要毫无保留地向他人泄露个人工作、生活的全部细节，而是指要适当地分享自己对工作、生活的所思所想、所感所悟。没有适当的自我袒露，团队成员就不会与我们分享他们的思想和情感。而不熟悉自己的团队成员，也就无法在复合型团队中和谐地合作共事。当你向他人展示自己时，会冒一定的风险，那就是这个人可能不喜欢你，或者更糟糕点，他可能拒绝你。然而，如果你清楚自己要成为什么样的人，也喜欢自己成为这样的人（积极、自尊），你就会有足够的信心向他人展示自己。当你用合适的方式让与你共事的人渐渐地了解你，他们就会信任你，也愿意让你去了解他们。一种积极有意义且成功的关系就这样开始了。

破坏信任关系的最快方式莫过于拒绝、嘲弄或不尊重他人。如果你取笑或嘲弄他人的自我展示，或对他人的行为进行说教，他们很快就会封闭自己。如果他人向你展示自己，而你不愿意向他人展示自己，也会破坏信任关系。如果他人的心灵敞开而你的心灵关闭，那么对方就会觉得过于暴露了自己而受到伤害。如果他人信任你，你就能影响他们。信任不仅要靠适当的自我展示培养起来，而且要靠“真心”来培养，也就是要诚实、真诚及可靠。

作为复合型教练团队的一员，任何人的成功都与其自尊程度以及如何评价自己有关。如果你自己有信心，将有助于你在周围的人群中建立信心。只有每个团队成员都能意识到自己作为一个人的价值，成员才能认识到他人的价值，进而信任团队成员。

二、进行有效沟通

以下几个方面是在复合型教练团队内部进行有效沟通需要密切注意的：[①]

首先，要设计和建立有效的复合型教练团队沟通制度和沟通渠道，这是促进复合型教练团队有效沟通的组织保障。在明确团队沟通制度基础上，每周的团队工作例会，团队公告栏（或微信群）的通知及信息发布，每天的训练或工作小结，小组成员间的业务讨论、谈心，团队内部的工作简讯及专业信息资料分享，等等，这些不同的沟通渠道和形式都可以进行选择和尝试。

其次，要注意排除沟通各个环节中可能发生的沟通障碍。对信息的发送者来说，应考虑：为什么要发送信息？信息传递给谁？对方的接收和感知能力怎么样？需要用什么样的语言和方式传递信息更有效？在何时、何地发送信息比较合适？等等。对于信息的接收者来说，应密切注意信息的发送者所传达出的信息，积极倾听，如有必要，可请求复述或解释，并与发送者保持必要的联系。对于发送者和接收者来说，都应该认识到沟通中的误解是在所难免的，双方都有责任使信息准确无误地传递、接收和理解，双方还可以分享由信息产生的观点和情感。

再次，沟通所涉及的各方要保持坦诚的态度。如果沟通所涉及的各方缺乏相互信任，彼此隐瞒真实意图，交流就不是诚心诚意的。如果各方都是坦诚的，信息是开放的、明晰的，相互之间沟通的目的是明了的，那么只要有合作的可能，就能达成双赢、多赢的沟通效果。

最后，在面对面沟通时要注意倾听，做到耳到、眼到、心到、脑到，即在倾听过程中，要调动听觉器官去接收信息；调动视觉器官观察沟通对象的面部表情、眼神、手势、表情等以判断其语言的真正含义；以换位思考的

① 孙建敏，李原. 组织行为学［M］. 上海：复旦大学出版社，2005.

态度站在沟通对象的立场与角度去体会其处境与感受；运用大脑去分析沟通对象的动机，判断其意图。

三、认可和支持他人

为了在复合型教练团队中建立良性的人际关系，对待他人不仅要坦率，还要公开。如果想得到团队成员的认可和支持，你必须认可和支持他人，认可和支持他人会给他人带来一种“心理安全感”。可以通过成为一名良好的倾听者表达对他人的理解并传递认可。你也需要表明喜欢和在意他人：当团队成员需要帮助时，你要及时出手相助；当你有需求时，也主动请求团队成员给予帮助；你应从心里愿意并实际花些时间与团队成员共度某些时光。

执教是一个帮助人的职业。要想在复合型教练团队中取得成功，每个人都必须认可和尊重他人的价值，并用心地关注、支持和鼓励他人。请记住：

奉承我，我可能不会相信你。
责备我，我可能会不喜欢你。
忽略我，我可能会不宽恕你。
鼓励我，我永远不会忘记你。
（引自：Maxwell，John C.1997）

四、解决冲突

冲突过程中一般都充斥着大量的情感因素，一旦情绪失控、不计后果，极可能出口伤人，对和谐的团队人际关系造成不可弥补的破坏。因此，解决冲突最重要的一步就是控制情感，并认识到冲突是人际关系中正常的、不可避免的部分，力争理智、有技巧地处理冲突。而如何对待冲突，则取决于对冲突当时情况涉及的两个因素的理解：一是实现个人目标的重要性；二是与他人保持良好关系的重要性。戴维·约翰逊于 1981 年基于这两个因素描述了解决冲突的 5 种模型，见图 7-3。[①]

你通常会如何应对团队冲突？——威廉马其顿博士的DISC行为模式

乌龟认为关系无关紧要，目标也不太重要，因此它们从冲突中撤退，

①［美］雷纳·马腾斯．执教成功之道［M］．钟秉枢，等译．北京：北京体育大学出版社，2009．

避免了各种对峙。通常，乌龟认为解决冲突的希望很渺茫，同时对改变境况也很无助。

鲨鱼很重视自己的目标，很少优先考虑维持关系，因此它们处理冲突的方式是攻击、专横和伤害他人并强迫他人接受它们解决冲突的方式。它们视冲突为决定输赢的竞赛，并想赢取这场竞赛。

玩具熊认为关系是极其重要的，因此它们愿意放弃自己的目标。它们渴求避免冲突，被人接受和喜欢。因为它们相信，解决冲突是不可能不破坏关系的。

狐狸能适当处理个人目标和解决冲突之间的关系，因此它们持中立的态度。如果对方愿意的话，它们也愿意放弃自己的部分目标。这样双方能够实现共赢。

猫头鹰把自己的目标和与他人的关系看得同样重要，它们的解决办法就是面对面，寻找实现双方目标的解决办法，这样就能改进关系。

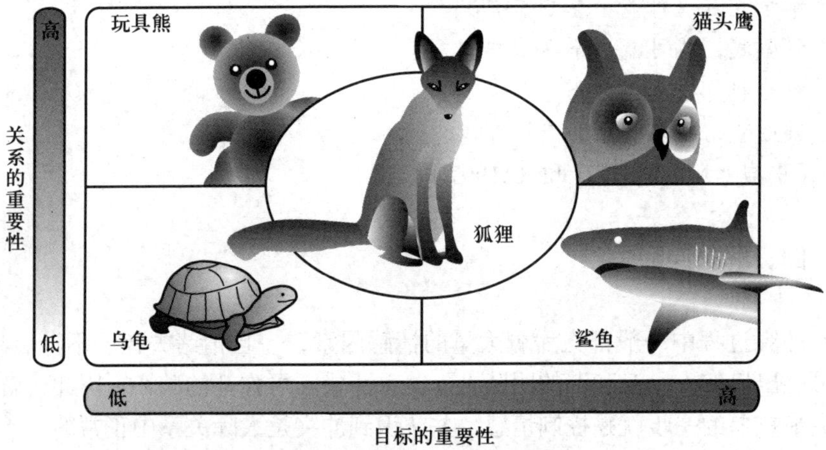

图 7-3　处理冲突的 5 种模型

虽然狐狸和猫头鹰是最讲究策略的，但前面提到的几种解决冲突的方法也都具有各自的价值。然而，要想有效解决冲突，除了鲨鱼的方法，对每一种解决方法都要做到得心应手。下面是关于何时使用上述每一种策略的建议：

◆ 当目标与关系均不重要时，就当乌龟，撤退。譬如，当你正准备离开赛场，对方的一个球迷嘲笑你队赛场失利时，你应快速离开。

◆ 当目标很重要而关系不重要时，尽管你有时可能想像鲨鱼一样进攻，但作为复合型教练团队的一员，在团队角色扮演中还是不太合适。像鲨鱼那样的反应，会给予你共事的人树立一个极其不好的形象。

◆ 当目标不太重要而关系非常重要时，做回玩具熊是非常合适的。譬如，当你的配偶想打场高尔夫，而你却想看电视节目时，就做回玩具熊去打高尔夫，这有利于维持关系。

◆ 当目标和关系同等重要，你与冲突方都达不到自己的要求时，做狐狸采取折中方案。譬如，当你去会见主管，希望得到专项资金并希望他批准你参加三场比赛，但他只批准你参加一场，这时可协商看是否能折中为两场。

◆ 当目标和关系对你来说都至关重要时，要与冲突方进行合作性的面对面沟通。

面对面沟通就是试图与冲突方讨论，看是否能解决双方的问题。面对面沟通时，首先表达你对冲突的看法和感觉并邀请对方也这样做。面对面沟通通常应该私下里进行，远离其他人。希望通过讨论，澄清、解释事情，达成一致，满意地解决问题。

当你很在意的人一直阻止你达成对你很重要的目标时，采用面对面沟通的方式是很恰当的。也许你会担心面对面沟通会破坏你们的关系，也许你压根就不喜欢面对面沟通，但有些情况这是唯一的解决方法。一旦决定采用面对面沟通方式，应遵守以下步骤：

◆ 对冲突的内容达成共识。

◆ 表达合作意向。

◆ 站在他人角度去考虑问题。

◆ 激励他人去解决问题。

◆ 达成共识。

第三节 执教中创新能力的培养

一、突破思维障碍

（一）了解创新概念

“创新就要不断解放思想、实事求是、与时俱进。”（中国共产党十六届全国代表大会上的报告）

“‘创新’指的是建立一种新的生产函数，在经济生活中引入新的思想、

方法，实现生产要素新的组合。”（熊彼特，2008）

“知识创新就是指新思想产生、深化、交流并应用到产品（服务）中去，以促使企业获得成功，国家经济活动得到增强，社会取得进步。”（德伯拉·爱弥顿，1993）

“技术创新，是指企业应用创新的知识和新技术、新工艺，采用新的生产方式和经营管理模式，提高产品质量，开发生产新的产品，提供新的服务，占据市场并实现市场价值。”（《关于加强技术创新，发展高科技，实现产业化的决定》）

从上述有关创新的理解中不难看到，创新不仅仅是有新的思想、新的方法、新的技术，而且必须将这些新的思想、方法、技术用到实践中去，结出新的成果，产生新的价值。由此，当以上这些关于创新的概念融入体育领域，对于教练员来说，运动训练中的创新，即反映为需要有新思想、新方法、新技术，并将这些新思想、新方法、新技术应用到训练实践和队伍管理中去，提高训练质量，取得优异运动成绩。

（二）认识创新意义

2015 年 10 月 29 日中国共产党第十八届中央委员会第五次全体会议公报要求：“必须把创新摆在国家发展全局的核心位置，不断推进理论创新、制度创新、科技创新、文化创新等各方面创新，让创新贯穿党和国家一切工作，让创新在全社会蔚然成风。”

中国体育的成功与创新息息相关。2002 年 7 月 10 日《中国体育报》为中国乒乓球队成立 50 周年而作“星光为何这般灿烂”揭秘：“中国队的长盛不衰，并非因为他们有什么亘古不变的制胜技战术，也不是因为他们掌握着置之四海而皆准的秘密武器，而是因为他们在继承发扬自己的技术特长的同时，能够针对世界乒乓球技术的发展趋势，特别是针对主要对手每个时期的技术特点，及时地调整自己的技术风格，进行技术创新。”

中国体育的失利同样与创新不够关联。中国足球队前教练哈恩对球员的东方式思维弱点有过准确的表述：“在通向 2006 年世界杯的征途上，最大的障碍在于球员们过于较真的思维方式，这种思维方式影响了中国队踢球的风格。他们的文化是教你做什么你就做什么，但在足球中，你必须富有创造力。你做什么是你自己的事，不踢球的那些人，谁也不能替你作决定。”前国家队教练朱广沪更毫不讳言中国球员欠缺独立思考：“足球比赛中是人去控制球，人是有思想的，可是怎么教会他有思想的去踢球，我觉得我们很欠缺。”

在倡导创新的今天，首先要突破的是思维障碍，不能改变思维的人，永远也没有能力改变现实，也就永远不会有什么进步。就像美国前总统林肯所说："有些事人们之所以不去做，只是他们认为不可能。而许多不可能，只存在于人的想象之中。"

二、打开思维空间

（一）矮子里选将军

作为教练，面对复杂多变的训练和比赛情况，常常需要作出决策，而且往往是没有一定套路的非程序性决策。作决策就是做选择，教练需要在众多的选择中，确定某个思路，采用某个阵容，抓住某个时机，采纳某个方案。作选择就需要有选择的空间，如果没有空间就没有选择，没有选择也就没有决策。只有一种备选方案就没有比较和择优，没有了比较和择优，决策也就失去了意义。

矮子里选将军

石玉昆《小五义》第五十三回："常言一句俗话说：'矮子里选将军。'就算他的能耐有限，但与这些打手打起来，他的本领却比打手胜强百倍。"

这里讲的是备选的将军里都是矮小不堪的人，但没有其他人选，也只能将就挑选。比喻在不合格的人选当中，选拔较好的人。这种没有余地的"选择"和我国俗语中的"鸡窝里面挑凤凰""瘸子里面拔将军"……，说的都是缺乏空间的选择，是小选择、假选择、形式主义的选择。人们以为作出了选择，而实际上思维和选择的空间是很小的。

教练如果陷入"矮子里选将军"的困境，就不可能进行创造性的训练和比赛。如果只有一个方案，就无法对比，也就难以判断优劣。如果用别无选择、呆板不变的标准来约束和要求运动员，就可能激起运动员的不满与愤怒，可能扼杀运动员的思维和创造力。只有准备一定数量和质量的训练和比赛方案供对比、选择，判断和决策才能做到合理。因此，没有选择余地的选择，就等于无法判断，等于扼杀创造。成功的教练员，在训练和比赛前其头脑中总有多种"备择方案"，并高度重视"多方案选择"，因为他们始终认为要有许多种可供采用的方法，这样才可以从中选择一种适当的方法。

（二）进行多维思考

要避免陷入“矮子里选将军”的困境，就得克服思维方式上的封闭性和趋同性，多维思考。多维思考就是打开思维空间，立体思维，立足于多思维起点、力争多思维指向、采纳多思维方法、建立多思维逻辑规则、应用多项科学定律、构造多思维评价标准。一句话，多维思考就是打破常规，用别人想不到的方式去思考。

下面看一个多维思考的案例：

国家田径队原总教练阚福林谈铅球训练方法革新

我国女子铅球项目有相当长的一段时间远远落后于世界先进水平。那时，我们也下了不少功夫，想改变落后面貌，但总是没有明显的效果，摘不掉落后的帽子。我们当时对推铅球的认识是：铅球是投掷项目中最重的器械之一，器械重，要推得远就需要力量大，欧美国家运动员在这个项目上长期处于领先地位，就是因为他们身材高大，绝对力量大。推铅球主要靠力量靠实力，他们原地推铅球成绩比我们滑步推还远，我们没劲，技术再好也没用。我们现在要抓住的关键是绝对力量，只有绝对力量上去了，铅球才能推得远，所以在力量训练方面（包括一般力量和专项力量）下了很大功夫，力量素质有了一定的提高，但专项运动成绩却仍然进步不大。最后的结论是：重器械投掷项目，中国运动员先天条件差，很难达到高水平。

但我们又不甘心长期落后下去，决心摆脱老框框，另辟蹊径，大胆地改变一下训练。首先解决的问题就是对项目特点重新认识，过去的认识是表面的，现在要认识到它的深层和实质。经过对铅球项目几大要素仔细、深入地剖析，逐渐明确铅球是以力量为基础、以速度为核心的速度力量型项目。我们的训练应该紧紧围绕这个核心，抓住这个主要矛盾。根据各方面情况的分析，我们确定了以发展专项速度为主的训练方针，发扬我国运动员速度快、协调灵敏的长处，弥补绝对力量不足的短处。

结果，中国队获得了 1988 年奥运会铜牌（李梅素）、1991 年世锦赛金牌（黄志红）、1992 年奥运会银牌（黄志红）、1993 年世锦赛金牌（黄志红）、1995 年世锦赛银牌（黄志红）、1996 年奥运会银牌（隋新梅）的好成绩，并形成了自己“以快为主”的技术风格。

阚福林的高明之处就在于打破了思维惯式，运用多维思维，透过扑朔迷离的现象，抓住真正的薄弱环节。

在多维思考中，丰富的想象力是生成决策的“合成器”。如果说人的头脑就像一个生产计划、谋略、命令等产品的加工厂，那么丰富的想象力则犹如一台合成器，不断地将各种相互矛盾的信息、彼此不容的对策等，按照不同的工艺要求加以合理的调和，生产出取胜的计谋与策略。

刘爱杰的思考与实践

我国皮划艇项目在很长一段时间里成绩都不突出。国家皮划艇领队刘爱杰带领他的团队首先分析了该项目长期落后的深层次原因：

- 缺乏执行力，永远有可以理解的借口。
- 缺乏科学精神，没有勇气解剖自己。
- 缺乏科学方法，没有能力解剖自己。
- 缺乏资源整合，影响整体功能最大化。
- 思维定式束缚，没有构建科学训练思想体系。

分析原因之后，他们提出了相应的革新举措：

- 超常规思维，跨越式发展指导思想的提出。
- 学习型、进取型、创新型教练团队的组建。
- 科学发展、统筹训练、三从一大的实践。
- 否定自己、否定传统、不断创新的发展。
- 从多人艇、高浆频、短距离、大强度到有氧能力、个体能力和每一桨能力。

这个案例中，从多人艇、高浆频、短距离、大强度到有氧能力、个体能力和每一桨能力，可见想象的巨大作用。这里的突破就在于把否定自己、否定传统，与超常规思维、跨越式发展合理的结合起来，加以想象，从而找到了内在联系，使得中国皮划艇运动成绩有了突飞猛进的提高，在2004年雅典奥运会上，皮划艇项目在男子双人划艇500米决赛中取得金牌，使得中国体育在奥运会水上项目中实现了“金牌零突破”。

人类的创造力生生不息，人生来就富有创造力，只是往往自己将自己束缚起来，不敢去尝试一些更有创造力的事。因此，第一，要相信自己是有创造力的；第二，要消除内心阻止自己创造力发挥的批评声音；第三，增强提出问题的能力；第四，准确地观察现实环境，然后问自己，这意味着什么，而不是依赖别人的想法。

改变传统冬训计划安排给苏炳添带来的突破

三、缩短决策时间

（一）开枪与瞄准

在训练和比赛中，教练每时每刻都面临着选择。首发阵容，是A队员还是B队员；身体素质训练，是练速度还是练速度耐力；比赛战术，是防守反击还是主动出击……教练必须作出最佳选择，可是，“最佳决策”常常把人弄昏了头。

先开枪，再瞄准

1998年6月，惠普公布了一个令人吃惊的数字：当年增长率只有3%，而在两年前还达到30%，公司同时还宣布2 400名中高层经理人暂时减薪5%。

对于惠普的失利，惠普新上任首席执行官卡莉认为，速度是惠普的致命伤。过去60年，惠普强调追求品质与共识，先瞄准，后开枪，新产品要在各方面都要达到95分以上才推出，牺牲了决策与行动的速度。而网络时代，抓住速度才能进入竞争的门槛。因此，卡莉决定先开枪，再瞄准，产品做到80分就推出，然后再慢慢改进。这就如同在波涛汹涌的海面上滑水冲浪，要保持一定的速度才能站得起来。

教练的决策中也存在这种现象。在运动训练和比赛的过程中，教练的时间有限、信息有限、权力有限、经费有限，同时，运动员的青春有限、运动寿命有限、最佳竞技状态出现的时间有限，尤其是对比赛而言，教练的举棋不定、犹豫不决、追求完美的结果是最致命的，轻则贻误战机、被动挨打，重则损兵折将、功亏一篑。因而，教练只能在众多的有限中理清思路，加快速度，作出决策，找到能够满足自身需要的答案。教练必须清楚，没有一项决策能完全令人满意，最优选择是相对的、无法实现的。人们只能在限定的范围中作出选择，从十全十美退到十全九美、十有八九，赢得时间，把握机遇，敢于担当。

许多公司如微软、英特尔等研发的产品没有一个是毫无瑕疵的，但它们研发的速度却很快。正所谓，发展中的问题要在发展中解决，没有行动，再完美的目标也没有用。

（二）善于取与舍

要做到先开枪再瞄准意味着要善于取舍。

2001 年全国高考语文作文题引用了这样一个小故事：

有一个年轻人跋涉在漫长的人生路上，到了一个渡口的时候，他已经有了“健康”“美貌”“诚信”“机敏”“才学”“金钱”“荣誉”七个背囊。

渡船开出时风平浪静，说不清过了多久，风起浪涌，小船上下颠起，险象环生。

艄公说：“船小负载重，客官需丢弃一个背囊，方可安渡难关。”

看年轻人哪一个都舍不得丢，艄公又说：“有弃有取，有失有得。”

年轻人思索了一会儿，把诚信抛进了水里。

这个简单的故事揭示了选择的三个要点：

第一，所有东西都要，结果是什么都得不到。就像一个人把东西一直往手里揽，手中东西太多，往往不慎失手，全部东西就会洒落一地。决定舍弃，虽然可能痛苦一时，但不至于痛苦一世。舍弃并不是失去一切，而是让你把握什么需要什么不需要。对不需要的东西试着轻轻放开，新的东西才有机会来到你的手中。

第二，学会排序。舍弃不仅要有极大的勇气和觉悟，还要学会排序。虽然每样东西都重要，但必定有一个是最重要的，其余是次重要的，重要性依次排序，从最不重要的开始舍弃。

第三，不同的人排序是不同的。上例中的七个背囊，健康对老年人、美貌对年轻女性、诚信对官员、机敏对运动员、才学对学者、金钱对穷人、荣誉对军人可能分别是最重要的。不同人对不同事物重要性的认识是不一样的。对同一事物的重要性，教练和运动员的排序可能不一样，官员跟学者可能又不一样，穷人与富人可能又不一样。不同人的排序有时一致，有时又可能不一致。不能用自己的标准判断别人，认为我觉得这个排序第一，别人也应该如此排序。

四、锁定目标结果

（一）不忘初始目标

朱广沪分组对抗的故事

一次中国足球队训练中，朱广沪安排队员分组进行对抗比赛。比赛中，朱广沪悄悄将双方的守门员叫了下来。双方队员依旧激烈地对抗着，浑然不知两边都没有了守门员。3 分钟后，朱广沪叫停训练。双方队员这时才注意到守门员早就不在场上了。

从这个案例我们看到，队员们全神贯注对抗比赛，却忘了对抗目的目的——进球。在训练和比赛中，教练和运动员需要经常反省自己做选择的初衷与出发点，避免练得热闹、打得好看，却忘了练的结果、打的目的。

（二）牢记最终结果

NBA 著名球星丹尼斯·罗德曼是芝加哥公牛队队员，也是美国篮球史上的篮板王。他行为乖张，荒诞离奇，头发一周变一次颜色，有异装癖，脾气暴躁，不能自控。在 1994—1997 年三个赛季中，每赛季平均有 12 场比赛。由于滋事他不能上场，从一个拥有超凡技巧的优秀球员变成了球队的"烫手山芋"。这让球队教练和老板大为光火。

1997—1998 年赛季，球队改变策略，与罗德曼签订了这样一份合同：底薪 450 万美元，不滋事加 500 万美元，获得篮板王加 50 万美元，助攻超过失球加 10 万美元。

这一合同应用的结果是公牛队和罗德曼都成了大赢家。它不仅减少了整个球队的风险，更激励了罗德曼发挥出最佳水平。在新规则的约束下，这个暴躁爱滋事的野小子变成了乖孩子，整个赛季他只有一场比赛因犯规而缺赛，获得当年"篮板王"称号，助攻 230 次，仅失 147 个球，得到了 1 010 万美元，而公牛队如愿以偿获得总冠军，并让球队的老板大赚一把。

从罗德曼的故事中不难看到，执教中的教练常常会陷入两难境地。一方面，教练必须保持对运动员的控制，推动运动员创造业绩；另一方面，教练又不能强迫每个运动员用同一种方式进行训练。也就是说，教练既要坚持自己统一的执教风格，一视同仁，严格要求，又不能千篇一律地实施自己大一统的训练办法，须针对运动员的情况区别对待。面对这样的两难境地，罗德曼的教练找到了正确的解决方案：先界定正确的结果，然后让每个人自行寻找达到这些结果的途径：

其一，识别人的优势。比如认清罗德曼的优势是篮板好。

其二，界定充分发挥人优势的结果。比如罗德曼优势发挥，最佳结果是罗德曼获得"篮板王"称号，公牛队获得冠军。

其三，找到方法来计算和评估这些结果。比如罗德曼只要能参加每场比赛、助攻超过失球、获得“篮板王”，就能获得丰厚的回报。

最后，放手让部下去干。

这样的方法，既解决了两难处境，统一目标但不统一达到目标的途径，又帮助运动员找到对他来说阻力最小的达标路径；同时，这种方法鼓励运动员自己对自己负责，激发运动员对于自己行为的高度热情，培养运动员的自我意识和独立训练与比赛的能力。

（三）及时调整对策

在执教过程中，教练调整对策、变更方案是家常便饭。优秀教练懂得，别人成功的经验不一定适用自己；过去获胜的范例，现在需要重新审视。成功以后，面对新环境、新队员和新对手，原有的思路需要调整，对先前习以为常的东西，一定要多问几个为什么。

我国著名乒乓球教练员张燮林 1977—1995 年在执教中国女子乒乓球队期间，大胆将前人总结出的中国乒乓球项目制胜规律“快、准、狠、变、转”，根据女队的情况，改为“狠、快、准、灵”，用于指导女队训练和比赛，并强调“狠是精神，快是关键，准是基础，灵是生命”，从而带领中国女子乒乓球队在原来的基础上取得了突破，在其执教参赛的十届世界乒乓球锦标赛上，获得女团冠军 9 次，女单冠军 8 次，女双冠军 9 次，重塑了中国女乒不败的传奇成绩。

钱红和波波夫的改项

钱红一开始的主项是自由泳，在一次少年集训中，冯晓东发现钱红的蝶泳技术十分有特点，而且在集训期间成绩的提高幅度很大，他根据其他教练的建议，果断让钱红改攻蝶泳主项，结果钱红不负众望，在 1988 年奥运会上获得银牌，在 1992 年奥运会上获得了金牌。

波波夫原来是仰泳主项，后来跟随图列斯基以后，图列斯基根据观察，决定他改自由泳为主项，结果波波夫成为世界上最伟大的游泳选手，创造了世界纪录，并连续两届奥运会获得 4 枚自由泳金牌。

发现问题，及时调整对策，也使得钱红和波波夫站在了冠军的领奖台上。

由此可见，没有一套固定的模式通向成功，没有一种固定的执教方法能使你成为一流的教练，教练要不忘初心，牢记使命。

五、做好身边小事

“为国争光、无私奉献、科学求实、遵纪守法、团结协作、顽强拼搏”的中华体育精神被誉为全民族的精神财富，从中华体育精神的24字中看到，有些教练的执教不是很成功，不完全是创新求变不够，而可能是没有找到训练规律，未能脚踏实地，缺乏量的积累，拼搏不够顽强等。对年轻运动员来说，有理想、讲信用、守纪律、甘于奉献，有时候比创新精神更重要。教练应该懂得，创新精神是科学精神的内涵之一，科学精神还包括追求真理、淡泊名利、理性的怀疑批判精神等。创新与求实是硬币的两面，实事求是的精神是创新的基础。习近平总书记十分重视对小事的关注。他说：“于细微处见精神，于细微处也见品德。小事小节是一面镜子，能够反映人品，反映作风。小事小节中有党性，有原则，有人格。”习近平总书记的讲话揭示了由小见大、由量变到质变的深刻哲理。

2004年11月，曾经是我国著名乒乓球运动员、教练的中国乒协主席徐寅生在中国乒乓球协会教练委员会扩大会议上，结合雅典奥运会、中国公开赛、世界杯的观赛感受，以诙谐的语言，生动的事例畅谈了他对乒乓球技术的独到见解：“搓一板、轻挡一板、撇一板、挑一板、过渡一板，就是这些不起眼的小动作，可以把技术串联起来，打出自己的技术风格。”小事见风格。徐寅生的讲话揭示了中国乒乓球长盛不衰、创新不断背后是对小事的重视。

著名乒乓球教练员张燮林同样对队员的管理细节要求非常严格，甚至苛刻到吃饭时要求队员吃完碗里的每一粒饭。他形象地告诉队员，饭是一口一口吃的，球是一板一板打的。如果碗里的饭可随意不吃完而剩下，那么，打球时如何能做到每球必争。

原中国足球教练员朱广沪的一段话强调了足球运动员生活细节与场上表现的相通：“我觉得足球离不开生活，在足球场上所有的东西和生活上是联系在一块的。每个球追求技术动作完美，在场上追求战术配合准确的人，大部分都注重自我培养，思想观念很强，或者说他在很多方面，如在生活把自己弄得干干净净，打扮得很有气质。这样的球员在场上，他踢的球，可以这样说，很漂亮，（因为）他有追求。”

著名射击运动员王义夫说过：“比赛中我只有一个信念，下一枪要争取超过前一枪，而每一次都要超越自我”。

在其他行业，成功人士无不从做好身边的小事开始。

当代著名企业家，阿里巴巴总裁马云有句著名的话，“什么是伟大的事？伟大的事就是无数次平凡、重复、单调、枯燥地做同一件事”。

美国前总统林肯则说，“因为我怀着感恩的心情做好了让我做的每一件工作，我也一定能做好总统的工作。”

这些成功者给我们的启示是：每个人所做的工作，都是由一件件小事构成，因此决不能对工作中的小事敷衍应付。“这么简单的事，谁做不到？”许多人面对工作常常是这样的心态。但所有的成功者，优秀的教练，他们与我们都做着同样简单的小事，唯一的区别是，他们从不认为他们所做的事是简单的小事。一件件出色的小事背后，积累出了伟大的成功。

我国著名射击运动员陶璐娜谈到她 2000 年奥运会获胜经验时说，“在比赛前一天的上午，我一直在房间里认真地做赛前心理准备，回忆了心理学教授刘淑慧讲的话，反复听她的讲课录音，翻看训练笔记和比赛方案。我的心态确实达到了心静如水的境界，对第二天的比赛感到信心十足。”

科学管理的魅力就在于精确、标准、精细。作为一名教练员，必须培养对细节无限的爱，才能帮助你的运动员达到卓越的巅峰。

思考题

1. 复合型教练团队一般包含哪些人员？其职责各是什么？
2. 如何看待复合型教练团队中的关系处理？
3. 你认为哪些因素阻碍了你的创新思维？
4. 你是如何理解执教过程中的创新的？
5. 你是如何看待运动训练过程与结果关系的？

参考文献

［1］袁伟民．我的执教之道［M］．北京：人民体育出版社，1988.

［2］［美］维基·布洛克．教练技术：教练学演变全鉴［M］．梁立邦，译．北京：北京联合出版公司，2016.

［3］［美］雷纳·马滕斯．执教成功之道［M］．钟秉枢，等，译．北京：北京体育大学出版社，2007.

［4］钟秉枢．做 No.1 的教练——团队管理与领导艺术［M］．北京：北京体育大学出版社，2012.

［5］国家体育总局．中国体育教练员岗位培训教材——古典式自由式摔跤［M］．北京：人民体育出版社，2001.

［6］国家体育总局科教司．现代教练员科学训练理论与实践［M］．北京：人民体育出版社，2015.

［7］张力为，任未多．体育运动心理学研究进展［M］．北京：高等教育出版社，2000.

［8］杨桦，池建．竞技体育实战制胜案例［M］．北京：北京体育大学出版社，2006.

［9］［美］哈罗德·J．利维特．管理心理学［M］．张文芝，译．北京：中国人民大学出版社，1989.

［10］［美］斯蒂芬·P．罗宾斯．组织行为学［M］．11 版．北京：清华大学出版社，2005.

［11］［法］让－雅克·拉丰，大卫·马赫蒂摩．激励理论（第一卷）：委托—代理模型［M］．陈志俊，李艳，单萍萍，译．北京：中国人民大学出版社，2002.

［12］田麦久．运动训练学［M］．2 版．北京：高等教育出版社，2017.

［13］王健．运动技能与体育教学：大中小学学生运动技能形成过程的理论探讨与实证分析［M］．北京：北京体育大学出版社，2009.

［14］尹军，袁守龙．身体运动功能训练［M］．北京：人民体育出版社，2017.

［15］黄健．挑战高度——一个教练的回忆［M］．北京：同心出版社，

2000.

［16］宋元平．运动技能学导论［M］．苏州：苏州大学出版社，2015.

［17］［美］图德·邦帕，［美］格雷戈里·哈夫．周期——运动训练理论与方法［M］．李少丹，李艳翎，译．北京：北京体育大学出版社，2011.

［18］胡亦海．竞技运动训练理论与方法［M］．北京：人民体育出版社，2014.

［19］晓棠，李鹏．伐谋——成功企业家的用权之道［M］．北京：中国经济出版社，2005.

［20］郎平，陆星儿．激情岁月：郎平自传［M］．上海：东方出版中心，1999.

［21］董继超．秘书学问题新探——关于学科对象问题［J］．秘书，2000（12）．

［22］熊文．体育社会科学研究对象的定位及与学科判断的关联［J］．上海体育学院学报，2014，38（2）．

［23］刘天忠，徐莉．教练员怎样制订训练计划［J］．天津体育学院学报，1999，14（1）．

［24］王卫国．制订训练计划应注意哪些方面［J］．中国体育教练员，2009（2）．

［25］谢亚龙．训练计划的变更——教练员调控训练过程的“艺术”［J］．中国体育科技，1989（s1）．

［26］郑伟．对正确实施技术训练计划的合理控制［J］．中国体育科技，1998（3）．

［27］赵杰修，田野，冯连世，等．游泳运动训练的生理、生化监控方法研究［J］．体育科学，2006，26（1）．

［28］洪平．游泳训练的生理生化监控［J］．北京体育大学学报，2004，27（2）．

［29］李卫．国家级运动队复合型训练团队运行机制与组织策略［J］．首都体育学院学报，2012，24（4）．

［30］雷志勇，秦永生，呼文亮．训练的生理学基础和战士体能训练方案［J］．武警医学院学报，2007．13（5）．

［31］蔡宝来，徐李杰．21世纪日本基础教育的发展方向［J］．外国中小学教育，1997（2）．

［32］徐俊冕．青少年生理心理特征与心理健康［J］．中国行为医学科学，2005（2）．

［33］郭超．对运动技能形成规律与体育教学方法的研究［J］．当代体育科技，2017，7（24）．

［34］王海燕．复合反馈对运动技能学习影响的研究［D］．北京：北京体育大学，2013.

［35］徐霞．体育教学中运动技能学习的影响因素分析［J］．青少年体育，2014（9）．

［36］张秀丽，董翠香．影响运动技能学习的内部因素研究［J］．山东体育学院学报，2010，26（1）．

［37］刘力南．迎接新世纪挑战的一项战略措施——调整培养目标［J］．教育研究，1997（10）．

［38］白亚星．我国沙滩排球项目复合型教练团队构建［D］．北京：首都体育学院，2018.

［39］伍道理．职业网球赛间训练安排特点与原则的初步研究［D］．成都：成都体育学院，2012．

郑重声明

高等教育出版社依法对本书享有专有出版权。任何未经许可的复制、销售行为均违反《中华人民共和国著作权法》，其行为人将承担相应的民事责任和行政责任；构成犯罪的，将被依法追究刑事责任。为了维护市场秩序，保护读者的合法权益，避免读者误用盗版书造成不良后果，我社将配合行政执法部门和司法机关对违法犯罪的单位和个人进行严厉打击。社会各界人士如发现上述侵权行为，希望及时举报，我社将奖励举报有功人员。

反盗版举报电话　（010）58581999　58582371

反盗版举报邮箱　dd@hep.com.cn

通信地址　北京市西城区德外大街4号

　　　　　高等教育出版社法律事务部

邮政编码　100120

防伪查询说明

用户购书后刮开封底防伪涂层，使用手机微信等软件扫描二维码，会跳转至防伪查询网页，获得所购图书详细信息。

防伪客服电话

（010）58582300